TEXTES LITTERAIRES

Collection dirigée par Keith Cameron

LVII

L ' I N N O C E N T E   I N F I D E L I T E

L'INNOCENTE INFIDELITE

TRAGI-COMEDIE

DE ROTROV.

A PARIS,

Chez ANTHOINE DE SOMMAVILLE, au
Palais, dans la petite Salle, à l'Escu de France.

M. DC. XXXVII.

Auec Priuilege du Roy.

Jean ROTROU

L ' I N N O C E N T E   I N F I D E L I T E

Edition critique

par

Perry Gethner

University of Exeter

1985

ISSN 0309 - 6998
ISBN 0 85989 221 2

May 1985

Printed and bound in Great Britain by Short Run Press Ltd, Exeter

INTRODUCTION

UNE TRAGI-COMÉDIE TYPIQUE

> Mais en 1635, temps auquel on joua la *Médée* de
> Corneille, on n'avait d'ouvrage un peu supportable
> à quelques égards que la *Sophonisbe* de Mairet ...
> [C'était] dans le temps où la langue française
> luttait contre la barbarie. On ne connaissait que
> des imitations languissantes des tragédies grec-
> ques et espagnoles, ou des inventions puériles,
> telles que *l'Innocente Infidélité* de Rotrou,
> *L'Hôpital des fous* d'un nommé Beys, le *Cléomédon*
> de Du Ryer, l'*Orante* de Scudéry, La Pèlerine
> amoureuse (1).

Cette remarque de Voltaire, dans ses *Commentaires sur
Corneille*, indique le mépris suprême avec lequel les
Français ont traditionnellement jugé le théâtre
préclassique. Nous ignorons si Voltaire a même pris la
peine de lire les cinq tragi-comédies qu'il nomme dans le
passage cité, mais le chevalier de Mouhy, un des premiers
historiens du théâtre français, résume exactement l'attitude
du dix-huitième siècle: *L'Innocente infidélité* "n'est pas
sans intérêt, mais elle est irrégulière et très-compliquée"
(2).

Le dix-neuvième siècle s'en tient, en général, au même
avis. Viollet-le-Duc, dans la notice de son édition de la
pièce en 1820, n'y trouve pas grand sujet pour son
admiration; il reconnaît que quelques scènes sont bien
faites, mais que d'autres

> offrent des situations fort libres, et qui prou-
> vent la licence du théâtre à cette époque, car on
> ne reprocha jamais à Rotrou d'avoir outragé la
> pudeur plus qu'aucun de ses contemporains. Cette
> pièce obtint un grand succès, qui doit être
> attribué en partie à la barbarie des pièces du
> théâtre de ce temps (3).

Il a fallu le vingtième siècle, pour qu'un nouveau
système de classification, basé sur des critères esthétiques
non hérités du classicisme, autorise un jugement pleinement

positif sur la pièce et sur l'époque. Les partisans du baroque théâtral ont identifié Rotrou comme le représentant le plus doué de ce mouvement, et plusieurs d'entre eux considèrent *L'Innocente infidélité* comme une pièce typiquement baroque (4). H. C. Lancaster, dans un chapitre de son histoire du théâtre français consacré à la tragi-comédie, place cette pièce de Rotrou en tête de la rubrique intitulée "Typical Tragi-comedies" (5). Pour Ferdinando Neri, elle "est peut-être celle où se révèle le mieux le caractère de la tragi-comédie" (6).

En somme, quel que soit le jugement de valeur que l'on porte sur elle, tout le monde s'accorde à trouver *L'Innocente infidélité* une pièce typique. Mais en fait, que veut dire ce terme? Essayons d'abord de définir le genre tragi-comique au début des années 1630. Lancaster a montré comment, après plus d'un demi-siècle pendant lequel le terme pouvait s'appliquer à une trop grande variété d'ouvrages dramatiques, les auteurs semblent s'être accordés pour en limiter l'emploi à la "tragi-comédie romanesque" dont voici les principales caractéristiques (7): (i) Ce type de pièce est, dans l'ensemble, plus irrégulier que la tragédie et la comédie, permettant souvent de présenter sous forme comprimée un roman entier (ce qui nécessite parfois une division en deux journées ou plus). (ii) Les personnages principaux sont des aristocrates, jeunes, beaux, énergiques. (iii) Dans la hiérarchie des valeurs, l'amour se trouve au sommet, et la fidélité envers le bien-aimé l'emporte sur la raison d'état, sur la famille, sur l'ambition, etc. (iv) Puisque le mariage des amants est obligatoire au dénouement, le noeud consiste en une série d'obstacles à leur union. (v) Les forces qui séparent les amants viennent toujours de l'extérieur, relevant souvent du hasard, et n'ont pas besoin d'être bien liées entre elles. (vi) Le fait que les personnages se divisent en deux camps bien distincts, celui du bien et celui du mal (le bien représenté par les partisans de l'amour pur et innocent) aide à simplifier la psychologie, du reste assez sommaire, au profit d'une multiplication de péripéties. (vii) Au dénouement les bons sont sauvés et les traîtres sont punis - renversement de situation que les personnages attribuent à la providence divine. (viii) L'élément comique n'a qu'une place réduite, et dans beaucoup de pièces il est totalement absent.

Il est évident que ces éléments de définition sont compatibles avec les critères formulés de nos jours pour reconnaître le baroque littéraire, tels que le goût de l'ostentation et du spectacle, la fascination de l'illusion théâtrale et de la scène vue comme métaphore de la vie réelle, le goût des métamorphoses, du changement perpétuel et des surprises, la valorisation de la liberté face aux règles esthétiques et de l'imagination opposée à la raison (8). *L'Innocente infidélité* est bel et bien une pièce typique, reflétant les tendances dramatiques de l'époque - époque dont la "barbarie" et la "puérilité" ont désormais acquis un statut honorable dans l'histoire du théâtre français.

Cependant, il convient de se demander si Rotrou, auteur de talent, et parfois de génie, dans ses comédies et ses tragédies, s'est contenté de suivre la mode avec complaisance en composant ses tragi-comédies. Nous croyons que dans ses meilleures tragi-comédies le poète a réussi une synthèse extraordinaire des conventions de sa génération et des principes d'une esthétique naissante.

Si *L'Innocente infidélité* contient beaucoup d'éléments que l'on qualifie actuellement de "baroque", la pièce se trouve également sur le chemin qui mène vers la régularité (intrigue soigneusement disposée, rôle réduit du hasard et des péripéties invraisemblables, approfondissement sensible des caractères). Pendant les années de transition juste avant la création du *Cid*, le public théâtral se raffine et s'agrandit, la nouvelle Académie française confère une dignité officielle au métier de critique, et les salons commencent à manifester leur influence sur l'évolution de la langue littéraire. Rotrou suit quelquefois les innovateurs qui tentent d'observer les nouvelles regles, sans pour autant abandonner les éléments baroques dont le public est friand. Ainsi, par exemple, *L'Innocente infidélité* fait partie des pièces expérimentales dans lesquelles Rotrou fusionne les deux tendances opposées de l'intrigue tragi-comique: péripéties de la route et intrigues du palais (pour adopter les termes de Jacques Morel)(9). De plus, il a habilement ménagé le rôle de la magie pour permettre deux niveaux de lecture, également valables: drame violent et mouvementé où le surnaturel et les passions humaines se renforcent mutuellement, et drame religieux et allégorique où un roi représentant l'humanité pécheresse hésite entre le chemin du salut et celui de la perdition.

Les tragi-comédies sont la partie la plus négligée de l'oeuvre d'un auteur qu'on ne devrait plus qualifier de "mineur". Cependant ces pièces conservent leur charme à la lecture, et les meilleures d'entre elles, dont surtout *L'Innocente infidélité*, pourraient même réussir sur les planches aujourd'hui. Rotrou, un des premiers dramaturges professionnels en France, est toujours capable de nous éblouir par sa vitalité fougueuse et par sa virtuosité théâtrale.

DATE ET HISTOIRE

La première mention de *L'Innocente infidélité* se trouve dans un petit livre à la fois fantaisiste et satirique intitulé *Le Parnasse ou la critique des poètes* par Pierre Guérin de La Pinelière. La page de titre porte la date de 1635; l'absence de privilège et d'achevé d'imprimer nous oblige à chercher ailleurs pour préciser la datation de l'ouvrage. Parmi les scènes d'un songe du narrateur figure la rencontre d'un groupe d'écrivains sans talent qui font les importants en prétendant être les amis intimes des premiers dramaturges de l'époque: "ils diront qu'ils ont veu des vers de *l'Vlysse Duppé*, que Scudéry est au troisieme acte de *la mort de Cesar*, que *la Medée* est presque acheuée, que *l'Innocente infidelité* est la plus belle piece de Rotrou, quoy qu'on ne s'imaginast pas qu'il peust s'éleuer au dessus de celles qu'il auoit desia faites"(10). Il est évident que *L'Innocente infidélité* était l'ouvrage le plus récent de Rotrou au moment de la composition du *Parnasse* (1634-35). Ces dates sont confirmées par celles de deux autres pièces nommées dans le même passage: *La Mort de César* de Scudéry, encore inachevée lorsque La Pinelière écrivait, porte un privilège daté du 14 juin 1636 et parut en juillet. La *Medée* de Corneille, publiée seulement en 1639, fut représentée avant le 3 avril 1635, parce que Guez de Balzac, dans une lettre de ce jour-là, signale que Montdory, vedette de la Troupe du Marais, se surpassa dans le rôle de Jason(11). Puisque la tragédie fut jouée en avril, elle dut être achevée au moins un mois avant pour laisser assez de temps pour les répétitions. *Le Parnasse* n'a pu être composé après février 1635.

Cette datation trouve une confirmation supplémentaire dans la phrase du *Parnasse* qui suit la référence à *L'Innocente infidélité*: "Que l'Auteur d'*Iphis* et d'*Iante* fait une autre Cléopâtre pour la Troupe Royale"(12). Cette *Cléopâtre* (privilège du 22 février 1636), que Benserade publia avant *Iphis et Iante* et qui eut du succès, dut être créée vers le début de 1635 au plus tard. Puisque cette tragédie était loin d'être achevée au moment où La Pinelière écrivait son *Parnasse*, celui-ci date probablement de la deuxième moitié de 1634. *L'Innocente infidélité* date donc également de l'année 1634, peut-être de l'été ou de l'automne.

Mme S. W. Deierkauf-Holsboer, dans son histoire indispensable du théâtre de l'Hôtel de Bourgogne, néglige le témoignage de La Pinelière et propose la date de 1631-32 pour *L'Innocente infidélité*(13). Quoique son système de datation soit plausible dans les grandes lignes, il se fonde sur un groupe d'hypothèses insuffisamment documentées pour écarter la preuve solide fournie par *Le Parnasse*. Quant à la date de 1642, proposée par Philip Butler, elle est manifestement impossible(14).

C'est grâce à un document publié par Auguste Jal que nous savons que Rotrou vendit à son libraire ordinaire, Antoine de Sommaville, dix pièces, dont *L'Innocente infidélité*, le 17 janvier 1637(15). Sommaville prit un privilège collectif pour ces pièces le 7 février, mais en substituant *Clorinde* pour une autre comédie, *Florimonde* (qui ne paraîtrait qu'après la mort de l'auteur), pour des raisons inconnues. Le libraire ne tarda guère à commencer le travail de l'impression: il sortit huit pièces de Rotrou avant la fin de 1637, dont trois au mois de février et deux au mois de mars (*L'Innocente infidélité* et *Filandre*). Même si le poète avait été à Paris à ce moment-là, il n'aurait guère eu le temps de surveiller l'impression. Il faut ajouter que les documents nous manquent pour savoir si Rotrou s'intéressa jamais à polir ses manuscrits pour la publication ou à corriger les épreuves. Sa déclaration nonchalante dans la préface de *Clarice*, selon laquelle son éloignement de Paris l'empêchait de soigner la correction du texte imprimé de ses pièces(16), ne prouve nullement que ce manque d'intérêt date de son retour à sa ville natale de Dreux. De toute façon, il est certain que Rotrou fut absent de Paris pendant presque toute l'année 1637, ayant quitté la capitale juste après la création des *Sosies* en janvier pour retrouver au Mans son protecteur, le comte de Belin, qui était souffrant. Il ne regagna Paris qu'en décembre(17).

Il est impossible de déterminer le nombre de représentations que la troupe de Bellerose donna de notre pièce, ni de savoir si elle fut reprise. Etant donné le triomphe du *Cid* et le retentissement de la querelle qui le suivit, il est peu probable qu'elle ait pu se maintenir au répertoire après cette date. Elle ne se trouve pas sur la liste de pièces figurant dans *Le Baron de la Crasse* de Raymond Poisson, constituant apparemment le répertoire d'une troupe provinciale vers 1660, ni sur les additions tardives au *Mémoire de Mahelot*.

Lancaster a démontré l'influence probable que *L'Innocente infidélité* exerça sur une tragi-comédie de Regnault, *Blanche de Bourbon*, publiée en 1642(18). On peut même se demander si Corneille, en substituant un anneau magique au flambeau magique que sa Médée remet à Egée pour rendre ce dernier invisible lors de son évasion de prison (IV,5,1280; le changement se fait à partir de l'édition de 1660), se souvenait de la pièce de son ami, créée quelques mois avant la sienne. Cependant on ne devrait pas écarter d'autres explications, dont par exemple l'hypothèse d'une

lecture de la *République* de Platon, où il est question de
l'anneau de Gygès, qui conférait l'invisibilité.

La seule réimpression de *L'Innocente infidélité*
antérieure à la nôtre, sans compter le deuxième tirage de
l'édition originale portant la date de 1638, se trouve dans
l'édition du théâtre complet de Rotrou par Viollet-le-Duc
(1820, 5 volumes). Il est regrettable que cet architecte et
bibliophile célèbre, ne se soit pas efforcé de cacher son
mépris pour cette pièce et pour l'époque en général, où
régnait la "licence" et la "barbarie"(19). Il est encore
plus regrettable que son édition contienne tant d'erreurs et
de mauvaises corrections. (Nous signalerons par la suite
nos principales objections au texte de 1820.) Nous n'avons
trouvé aucune trace de représentations de cette tragi-
comédie depuis sa création, mais nous croyons qu'une reprise
de nos jours ne déplairait pas, même à un public nourri des
chefs-d'oeuvre du classicisme.

SOURCES

La source de cette tragi-comédie, s'il y en a une, est
inconnue. Nous rejetons la thèse d'Ernest Martinenche,
selon laquelle Rotrou a imité deux *comedias* de Lope de Vega,
La Sortija del Olvido et *Laura perseguida*, car les
ressemblances ne sont guère frappantes(20). Rotrou
connaissait pourtant ces deux pièces, car il les a imitées
directement en écrivant *La Bague de l'oubli* (composée en
1629 et publiée en 1635) et *Laure persécutée* (composée en
1637 et publiée en 1639). Lancaster, tout en signalant des
analogies mineures avec deux pièces datant du début des
années 1630 (*La Veuve* de Corneille, où une domestique de
l'héroïne se vend à un prétendant dédaigné et dirige
l'enlèvement de sa maîtresse, et *Agarite* de Durval, où la
fiancée du roi, crue morte, réapparaît vivante au
dénouement), conclut que les parallélismes de situation
entre ces pièces et la nôtre sont insuffisants pour
permettre d'établir avec certitude une filiation entre
celles-ci et celle-là(21).

Pourrait-on suggérer que, pour une fois, Rotrou a
inventé lui-même un sujet, ou faut-il postuler une source
précise que les historiens du théâtre n'ont pas encore
retrouvée? Il est impossible de trancher la question, car
nous ignorons complètement les méthodes de travail du poète
drouais. S'il est manifeste que sa "servitude honteuse"
comme poète à gages l'obligeait à produire ses pièces avec
une rapidité étonnante, nous ne savons pas s'il était libre
de choisir ses propres sujets. Avait-il la possibilité, la
facilité ou même le désir d'inventer des intrigues

dramatiques? En outre, les documents nous manquent pour déterminer les lectures du jeune Rotrou. Il est probable qu'il lisait l'espagnol et l'italien, mais les preuves absolues nous manquent. Etant donné toutes ces lacunes dans notre connaissance de la vie de Rotrou, nous croyons, mais n'osons l'affirmer avec certitude, que le sujet de *L'Innocente infidélité* est inventé, sans nier plusieurs réminiscences, conscientes ou non, de pièces antérieures.

Serait-il possible au moins de rattacher l'élément le plus saisissant de la pièce, l'anneau magique, à une tradition bien établie? Les sorciers et la magie ont un rôle important dans de nombreuses pièces de théâtre du dix-septième siècle, surtout dans celles des premières décades. On rencontre ces éléments dans tous les genres dramatiques, mais la pastorale était particulièrement favorable à la magie(22). Dans un monde idyllique où les sentiments des mortels sont, autant que leur destin, le jouet des forces surnaturelles, les magiciens et les dieux interviennent fréquemment pour changer le coeur des personnages, en faisant naître ou cesser l'amour, arrangeant ainsi un dénouement heureux avec plusieurs mariages. Toutefois, la magie n'a pas toujours le pouvoir d'effectuer de telles transformations sentimentales, surtout lorsqu'il s'agit de rendre aimable le vieux sorcier (ou la vieille sorcière) aux yeux d'un jeune et bel "objet". Par exemple, un magicien frustré, dans une pastorale de 1615, s'exprime ainsi:

... Toutes les coniurations, caracteres, inuocations, sortileges, soufflemens, & autres semblables charmes, que les Demons enseignent aux plus grands Magiciens, ne m'ont de rien proffité pour contraindre la Nymphe Oreade à m'aimer ... Car je te jure que ma science est inutile en telle matiere, & que tous les artifices magiques n'y peuuent atteindre(23).

Rotrou connaissait sans doute un grand nombre de pièces composées au cours de la génération précédente, mais il serait inexact d'expliquer son emploi réitéré de la magie seulement par le déir de suivre le goût de son public. La fascination du surnaturel, qui se manifeste déjà dans ses deux premières pièces, est authentique et lui permet un certain degré d'originalité en rattachant l'enchantement magique plus explicitement aux catégories théologiques de conversion, de reniement et de salut. Au troisième acte de *L'Hypocondriaque* (joué en 1628, publié en 1631) la devineresse Célinde répond de façon laconique et énigmatique aux questions de l'héroïne et de son cousin, sans que son intervention modifie le déroulement de l'intrigue. Il faut néanmoins signaler qu'elle remplit le rôle du choeur de la

tragédie antique, explicitant le rapport entre les thèmes
principaux de la pièce (folie, mort et résurrection, amour)
et laissant préfigurer le dénouement paradoxal, mais
heureux.

Par contre, dans sa deuxième pièce, *La Bague de
l'oubli*, l'objet magique est au centre de l'action, et les
situations parallèles à celles de *L'Innocente infidélité*
sont à retenir: la victime est un roi, qu'un couple
d'ambitieux veut manipuler; l'anneau produit une mutation
instantanée de la personnalité du roi; le pouvoir magique
est révélé à la fin de la pièce, et l'ordre est rétabli.
Mais les différences fondamentales entre les deux intrigues
sont également importantes: (i) le sorcier qui fabrique
l'anneau pour Hermante est un être plutôt diabolique, qui se
plaît à renverser les lois du monde naturel et même à tout
faire périr; il ne paraît pas sur scène; tandis qu'Alcandre,
le magicien de la pièce antérieure, est un hermite modeste
et serviable, refusant tout paiement pour l'anneau et pour
ses conseils: "Pour tout prix de ma peine, aimez-moi
seulement" (I,5,217)(24); (ii) la bague de l'oubli agit sur
n'importe qui, pourvu qu'on la porte au doigt, alors que
dans *L'Innocente infidélité* le charme agit à distance, et
n'ensorcelle que la victime désignée; (iii) la mutation de
la personnalité anéantit toute idée de morale et d'amour
chaste chez Félismond, alors qu'Alfonce subit une conversion
presque religieuse, redécouvrant la justice, l'amour fidèle
et chaste, et la supériorité des biens spirituels. De roi
hédoniste et tyrannique qu'il était, il devient contemplatif
et moralisateur:

> Dieux! que l'ambition est forte, et que ce vice
> Par des subtils appas dans les âmes se glisse!
> L'orgueil, ce doux poison, treuve lieu dans les coeurs
> Qui de tout autre crime ont été les vainqueurs.
> Que nous prenons à tort, abusés que nous sommes,
> Les qualités de rois et de maîtres des hommes!
> Ces titres ne sont dus qu'à leurs affections;
> Les rois ne peuvent rien dessus leurs passions
>   (II,7,471-78).

Félismond, par contre, se convertit à une forme de paganisme
qui s'harmonise avec ses désirs de meurtre et d'amour
sensuel (voir surtout II,4 et V,1).

Si *La Bague de l'oubli*, malgré les différences que nous
venons d'énumérer, est une source certaine de *L'Innocente
infidélité*, on ne peut pas en dire autant des autres pièces
françaises des premières années du siècle qui contiennent
des anneaux magiques. En fait, dans tout l'arsenal
d'anneaux dans le folklore et dans la littérature des

époques précédentes, il n'y en a que très peu qui relèvent de la magie noire et qui inspirent à distance une passion impure. Nous n'en avons trouvé qu'un seul exemple dans un texte que Rotrou aurait vraisemblablement connu. Dans une de ses épîtres latines, Pétrarque raconte une légende qu'il dit tenir des moines d'Aix-la-Chapelle. Charlemagne, dit-on, tomba violemment amoureux d'une femme très belle, mais d'origine roturière et de mauvais caractère, qu'il finit par épouser, malgré l'opposition des courtisans. Même la mort subite de la reine, quelques années après, ne guérit pas Charlemagne de sa passion immodérée. Il fit embaumer le cadavre, passa des heures auprès de lui et le fit traîner partout avec lui. Un jour, un pieux évêque, qui priait sans cesse pour la guérison du roi, entendit une voix céleste qui lui commandait de regarder dans la bouche du cadavre. Pénétrant dans la salle réservée au corps, il trouva une bague sous la langue de la morte et l'enleva. Le roi éprouva aussitôt du dégoût pour le cadavre et le fit enterrer, mais commença à s'attacher excessivement à l'évêque, qui avait gardé la bague à son doigt. Comprenant enfin tout le pouvoir sinistre de cet objet magique et craignant qu'il ne tombât en de mauvaises mains, l'évêque le jeta dans le marécage près du campement du roi. Charlemagne éprouva depuis lors une telle prédilection pour cet endroit qu'il y fit édifier un palais et une cathédrale(25).

Sans compter le succès des éditions de la correspondance de Pétrarque, la légende fut reprise par plusieurs auteurs et compilateurs du seizième siècle, et figure même dans deux recueils italiens de nouvelles. Il est probable que Rotrou la connut dans une de ces versions. Celle d'Erizzo, d'ailleurs, ajoute un commentaire moralisateur dont l'intention est de dévaloriser le rôle de la magie au profit de l'allégorie, ce qui la rapproche de la pièce de Rotrou. Le personnage qui narre la légende de Charlemagne à ses camarades conclut ainsi: "De là vous pouvez voir à quel état la fureur et la folie de l'amour conduisent l'homme, quoique sage et prudent, quand il a une fois conçu dans l'esprit le feu démesuré, et quand il est entraîné par un appétit peu réglé"(26).

Que cette légende soit, ou non, une des sources de la pièce, elle indique l'existence d'une tradition où le conflit cosmique entre le bien et le mal, la pureté et l'impudicité prend la forme d'un anneau, dont le pouvoir magique perd tout effet aussitôt que l'on se rend compte de son existence. C'est précisément sur la rencontre du conflit cosmique et du conflit psychologique que Rotrou va insister dans sa tragi-comédie.

MAGIE, PSYCHOLOGIE, ET ALLEGORIE

Ernst Friedrich a soigneusement démontré la persistance
et la vigueur des croyances magiques aux seizième et dix-
septième siècles(27). En général on distinguait le
magicien, dont le savoir provenait des études du monde
physique et ne s'opposait pas à la volonté divine, du
sorcier, qui était en contact direct avec les diables.
C'est au dernier qu'on s'adressait pour les "remèdes
d'amour" dont il y avait plusieurs types. Le lecteur
moderne a tendance à oublier que les Français du dix-
septième siècle prenaient les puissances occultes très au
sérieux et qu'ils virent de nombreux procès de sorcellerie
(ceux de Léonora Galligaï, exécutée en 1617, d'Urbain
Grandier, exécuté en 1634, et de la Voisin, mêlée à
l'Affaire des poisons et brûlée en 1680, étant les plus
connus aujourd'hui). Un demi-siècle après la mort de
Rotrou, les colons de la Nouvelle Angleterre, prenant à la
lettre les interdictions bibliques, brûlèrent une vingtaine
de personnes et en emprisonnèrent cent cinquante autres pour
sorcellerie. Des ouvrages affirmant la réalité des pouvoirs
magiques, soit comme complément à la foi religieuse, soit
comme branche véridique des sciences naturelles,
continuèrent à paraître au cours du siècle. Quant à la
littérature dramatique, Friedrich prouve de manière
probante la grande popularité de la magie comme thème à
cette époque. Le public de 1634 a dû accepter les
transformations subites du roi Félismond plus volontiers que
le lecteur moderne, habitué à voir la magie discréditée dans
les domaines intellectuel et littéraire. Il se peut
pourtant que le merveilleux regagne de nos jours droit de
cité au théâtre, grâce à une série de révoltes contre les
tendances réaliste et naturaliste, et aussi grâce à la
fusion, très goûtée au cinéma, de la féerie et de la
science-fiction.

En dehors du problème de la réception de la magie par
le public, il faut examiner l'emploi qu'en fait Rotrou dans
sa tragi-comédie. C'est ici surtout que les critiques ne
s'accordent pas. Pour certains d'entre eux, l'anneau
magique est un grave défaut dans la pièce et un obstacle sur
le chemin qui mène vers le classicisme. Hubert Gillot
s'indigne de "ce 'moyen' plus facile, parce que dispensant
de toute invention et rendant inutile toute motivation
psychologique: l'intervention magique ou surnaturelle,
survivance de la pastorale, assez rare ... chez le Rotrou de
la maturité"(28). Friedrich est du même avis, notant que
"non seulement l'intrigue, mais aussi le développement des
caractères est influencé par la magie", et que Félismond
ensorcelé n'est qu'"un jouet des passions et des caprices de
son amante"(29). Selon ce point de vue, Rotrou abolit la

volonté et la motivation humaines dans un monde où les mortels se laissent manipuler par les puissances occultes.

Pour d'autres critiques, au lieu de l'emporter sur la psychologie, la magie n'est qu'un voile commode pour permettre la présentation de caractères peu édifiants. Pour Saint-Marc Girardin, la supériorité de cette pièce sur *La Bague de l'oubli* "tient à ce que la magie y sert d'occasion au développement des passions et des caractères". D'ailleurs, c'est "un commencement de décadence pour la magie, puisqu'elle n'a plus qu'un rôle secondaire"(30). Pour Jacques Morel, les bagues de ces deux pièces "ne sont qu'artifices du poète destinés à mettre en évidence, le premier la fragilité de la raison humaine et le second les surprenants effets de la passion et à soutenir ... l'architecture des deux comédies"(31). Pour Philip Butler, le merveilleux est tout simplement un faux-fuyant pour présenter sur scène un roi inique: "un comportement aussi indigne d'un prince de tragédie et d'un prince tout court ne peut s'expliquer que par la magie"(32).

Pourtant, est-il absolument nécessaire de choisir une de ces interprétations à l'exclusion des autres? Selon la perspective intermédiaire, magie et psychologie ne s'annullent point l'une l'autre, mais s'harmonisent plutôt sur le plan de l'allégorie. Ferdinando Neri propose un lien entre la magie et l'illusion théâtrale. Dans la tragi-comédie les personnages semblent être conscients d'agir en acteurs, recherchant l'hyperbole dans leurs sentiments et dans leurs discours: "l'intervention magique souligne la fiction, l'illusion de ce qui arrive sur la scène ... Le dénouement heureux dissoudra la peine de Parthénie et l'iniquité de Félismond, mais entre-temps, dans cette illusion, dans ce songe, les passions ont paru plus avides et cruelles, ouvertes, effrénées"(33). Pour Francesco Orlando il s'agit plutôt d'une vision baroque où l'inconstance et la métamorphose, représentées dans la pièce de Rotrou par la magie, régissent les affaires des hommes. Puisque la mutation est la loi fondamentale de la psychologie, il n'est pas étonnant que les personnages de Rotrou s'écrient si souvent dans des moments de grande émotion qu'ils ne se reconnaissent plus eux-mêmes, ni que le dramaturge ait constamment recours aux procédés de déguisement, de dédoublement et d'enchantement. "Entre inconstance et magie il y a donc une parfaite convergence d'effets ... Cette impulsion imprévue et irrésistible au change que l'inconstant reçoit de l'intérieur est subie au contraire comme l'imposition extérieure de la victime d'un sortilège"(34). Robert Nelson considère la pièce comme l'une des plus manifestement religieuses de Rotrou et insiste sur l'aspect "fondamentalement religieux" de la bague à pouvoir spirituel. Celle d'Hermante "est un objet serpentin parfaitement symbolique de la porteuse charnellement méchante. Elle est en fait sacrilège, un 'contre-anneau' à l'anneau matrimonial, et profane le rite sacremental (ce qu'Hermante profane, en effet, par sa présence même)"(35).

Ces lectures allégoriques de la pièce ne s'excluent nullement l'une l'autre, car l'acceptation de l'instabilité comme principe moteur de la vie humaine peut avoir comme complément la recherche de Dieu, seule vraie source de stabilité et de permanence(36). De même, l'illusion théâtrale et le métier d'acteur peuvent acquérir la fonction de préparer l'homme à recevoir la grâce divine, comme Rotrou le montre de façon géniale dans son *Saint-Genest*. Nous croyons qu'un des principaux mérites de *L'Innocente infidélité* est de pouvoir se lire sur deux plans distincts avec une égale clarté: soit comme un drame mouvementé, soit comme une allégorie dans laquelle le poète laisse percer ses idées religieuses et morales.

Rotrou, qui connaissait fort bien l'antipathie du public et mieux encore celle des théoriciens envers le mélange des éléments sacrés et profanes dans un ouvrage littéraire, a dû procéder avec prudence en introduisant la dimension religieuse dans ses tragi-comédies, car dans ce genre l'intrigue doit être tirée de la fiction. (Dans *Saint-Genest*, une tragédie hagiographique, il semble s'être accordé plus de liberté pour mélanger les éléments sacrés et profanes.) Dans *L'Innocente infidélité* il va plus loin que d'habitude en montrant les puissances du bien et du mal incarnées progressivement par les personnages principaux. Hermante, avant le début de la pièce, n'était pas une femme totalement dépravée: séduite par le roi sous promesse de mariage (vv. 47-58), elle regrette la perte de son honneur et loue la vertu dans les premières scènes. Ensuite, portant au doigt la bague magique, elle devient volontiers la personnification de la luxure, et au dernier acte semble se croire sorcière - titre que les autres personnages lui ont déjà décerné. Quand la bague lui est enlevée et que l'enchantement se brise, Hermante devient furieuse, revendiquant la destruction totale de l'univers pour accompagner son supplice. Son invocation finale du chaos (V,5) indique qu'elle s'est pleinement identifiée à son rôle de championne du mal.

En même temps, Parthénie ressemble de plus en plus à la figure exemplaire du martyr. Rotrou a évidemment pris des précautions pour borner la dimension religieuse de la reine ("Ce n'est pas ici une patience chrétienne, qui offre à Dieu ses souffrances: c'est une épouse à la fois passionnée et

dévouée, qui aime et qui consent à n'être pas aimée")(37),
mais la soumission totale aux ordres du roi, malgré son
injustice flagrante, son espérance que le ciel lui rendra un
jour la tendresse de son mari et son consentement serein à
sa condamnation à mort semblent transcender les dimensions
ordinaires de l'héroïne vertueuse au théâtre. Elle n'hésite
pas à implorer les dieux de tolérer le libertinage de son
mari et de lui infliger, à elle, toute punition que lui
pourrait mériter. Bien sûr, puisque c'est une tragi-
comédie, on ne peut pas laisser mourir l'héroïne innocente,
malgré sa vocation du martyre. Les miracles et l'auréole de
sainteté qui accompagnent normalement la mort du martyr
s'associent ici à la mort supposée et au tombeau vide de
Parthénie. Tous les assistants la croient revenue de
l'autre monde, ce qui est correct sur le plan allégorique de
la pièce. Bien que la fausse mort soit un motif de
prédilection chez Rotrou, qui l'emploie dans treize
pièces(38), la cérémonie religieuse est quelque chose
d'extraordinaire. Il est encore plus curieux de voir le
grand prêtre déclarer que la mort injuste et prématurée
d'une jeune femme vertueuse est contraire à la volonté
divine, au lieu de prêcher la résignation à l'ordre
providentiel et la survie de l'âme. C'est que le genre
tragi-comique conçoit Dieu comme immanent et sa providence
comme l'instrument du dénouement heureux sur terre.
Evandre, le bon conseiller à qui revient, sur le plan
humain, le plus de mérite pour le miracle final, est aussi
le plus assidu à en attribuer toute la gloire au ciel.

Quant au roi, dont l'âme est devenue le champ de
bataille des puissances surnaturelles, il représente
l'humanité ordinaire. Au cours de l'action, il subit trois
métamorphoses radicales: conversion aux valeurs
spirituelles, indiquée par l'abandon d'Hermante et le
mariage avec Parthénie, puis l'ensorcellement (ou nouvelle
chute), indiqué par son engouement pour l'amour lascif et la
tyrannie, et finalement sa conversion définitive à la bonté.
Conscient de sa double personnalité, surtout à l'égard des
femmes:

J'ayme au temple leur crainte, et leur honnesteté,
Au lict leur belle humeur, et leur facilité
                                        (II,4,459-60),

il devra se purifier par la pénitence et même par le désir
de mourir (V,7). Il est nécessaire, dans l'équilibre de la
pièce, que la profanation du temple par Hermante, menant à
la nouvelle chute de Félismond, se répare par une deuxième
interruption d'une cérémonie dans le même temple et avec les
mêmes assistants. De même, le roi quitte au dernier acte la
représentation concrète et spatiale de la luxure (la

chambre, où il vient de passer la nuit avec Hermante) pour se rendre à l'espace sacré du temple, où il reste en prière à la conclusion de la pièce. Il doit renier une partie de sa double personnalité pour retrouver le salut et le bonheur terrestre.

En somme, Rotrou a évoqué, à travers l'intrigue violente et agitée, une bataille allégorique d'abstractions, rappelant les moralités du moyen âge. Les noms des personnages ont été presque certainement choisis pour la valeur symbolique que suggère leur étymologie: Parthénie indique la virginité, Evandre veut dire bon homme, Félismond pourrait indiquer que le roi est prédestiné au bonheur. Pour le nom peu commun d'Hermante, Nelson a suggéré deux étymologies intéressantes: une forme composée d'Hermès (messager rusé des dieux et inspirateur de l'art magique) et Amante, ou bien une forme calquée sur *hermana*, le mot espagnol pour Soeur, ce qui suggère des relations interdites(39). D'ailleurs Félismond fait une allusion explicite à la naissance incestueuse d'Adonis en évoquant les couples adultères de la mythologie (v.592).

Malgré le vernis de paganisme, les rites et les symboles chrétiens sont très en vue dans la pièce. A l'encontre de ceux qui situent l'action dans l'antiquité et qui blâment Rotrou d'y semer des anachronismes(40), nous ne croyons pas que l'abondance d'allusions à la mythologie classique, ni le nom d'Epire, suffisent pour situer l'action de la pièce dans une époque pré-chrétienne. Le mariage, par exemple, est décrit comme un sacrement inviolable, exigeant une tendresse mutuelle et des devoirs réciproques. La justice divine, quoique différée parfois, est article de foi. Il est particulièrement révélateur qu'Hermante assimile le mari de Proserpine à Satan (IV,1) et qu'elle situe aux enfers la révolte des forces du mal contre le ciel (II,2). De même, les allusions mythologiques dans la bouche d'Hermante et de Félismond se limitent aux exemples de licence sexuelle chez les dieux; autrement dit, le type de fable qu'employaient les Chrétiens des premiers siècles pour discréditer le paganisme en tant que doctrine religieuse. Rotrou a mis des allusions semblables dans plusieurs de ses pièces, mais c'est surtout dans *L'Innocente infidélité* qu'il les exploite de manière systématique pour suggérer le monde interdit de la concupiscence et du crime. La juxtaposition adroite des thèmes chrétiens et païens aide à rendre perceptible une dimension spirituelle qui ne se présente pas de façon directe.

Comme nous l'avons déjà dit, le plan allégorique n'exclut pas l'observation psychologique chez Rotrou.

Félismond, le personnage assujetti malgré lui au pouvoir de l'anneau magique, n'est point frappé d'amnésie. Son propre abandon de son épouse légitime lui cause tout de suite des remords, et il réclame la punition divine pour son infidélité (II,4). Il ne perd jamais de vue la distinction entre la vertu et le vice, même au moment de suivre celui-ci:

Foule aux pieds tout respect, suy ce fatal aymant,
Et pery, s'il le faut en ton aveuglement.

(II,4,475-76)

De même, il se récrie un instant contre l'"avis cruel" d'Hermante qui exige que Parthénie soit assassinée (v.611). Il se laisse aller progressivement à l'immoralité, dont il atteint le comble en bénissant les dieux d'avoir permis la mort de Parthénie (v.1199). Revenu à lui, il a assez de magnanimité pour avouer son crime et réclamer sa punition, sans le moindre effort pour se justifier par l'excuse, valable au fait, d'avoir été victime de coercition due à un pouvoir magique.

Pour mettre en relief les métamorphoses du roi, et pour compléter le schéma allégorique de la pièce, Rotrou a donné un caractère plutôt statique aux autres personnages, ce qui ne veut pas dire qu'ils manquent de relief. Parthénie, quoiqu'un modèle de résignation et de dévouement conjugal, n'est pas une froide abstraction. Martinenche constate son originalité dans le catalogue des amantes théâtrales de cette époque: "L'amour de Parthénie n'est plus une tendresse mièvre qui se contente de galantes paroles. Il est un élan de l'âme qui s'élève jusqu'à la beauté du sacrifice"(41). Plus courageuse que Grisélidis et plus consciente qu'elle de sa dignité, même dans le rôle de victime expiatoire, elle inspire l'estime et l'admiration de tous les autres personnages (sauf celles de la maîtresse délaissée).

C'est Hermante qui a le plus fasciné les lecteurs de la pièce. Capable de pousser la violence des actions et des paroles jusqu'au paroxysme, elle abandonne totalement la morale conventionnelle pour embrasser chaleureusement le culte des enfers. Que sa poursuite immodérée de la vengeance relève ou non de Sénèque, ou du théâtre espagnol, il est bien possible qu'elle ait servi de modèle aux héroïnes vindicatives de Corneille, dont surtout Médée et Cléopâtre. Selon Lebègue, elle les "dépasse en perversité et en violence frénétique", et dans son monologue final "elle lance les plus violentes imprécations qui aient jamais retenti sur une scène française"(42). Il faut ajouter que ces imprécations, dont le style évoque la tragédie latine, se limitent au début et à la fin de la pièce: quand elle a la possiblité d'agir, Hermante fait preuve d'un sang-froid et d'une résolution admirables. Très habile dans l'art de la manipulation, elle est capable de maîtriser ses émotions pour jouer le rôle qui convient à son stratagème. L'exemple le plus frappant en est le dialogue sarcastique avec Félismond (I,3), quelques moments à peine après l'explosion de rage qui ouvre la pièce. Ce n'est peut-être pas par mégarde que Rotrou néglige de préciser si Hermante sera mise à mort ou non. Pour elle, la punition psychologique et métaphysique (c'est-à-dire la survie du personnage à la défaite des fausses divinités auxquelles il se fiait) est le plus dur des supplices (vv.1346-48). Loin d'être simplement l'incarnation abstraite du mal, Hermante est une femme complexe et dynamique.

L'analyse de Joseph Morello décèle admirablement le caractère monstrueux d'Hermante, qu'il appelle "le premier personnage méchant pleinement développé dans le théâtre de Rotrou". Son unique désir est de dominer Félismond et son royaume, mais il n'y a pas le moindre indice qu'elle aime le roi. "D'après le code d'amour qui vaut pour toutes les pièces de Rotrou, le crime d'Hermante est son emploi de l'amour en tant que moyen pour atteindre un but en dehors du royaume de l'amour. L'amant-criminel est certes assez ordinaire chez Rotrou ..., mais de tels personnages commettent des crimes au nom de l'amour et afin de l'acquérir"(43). Sa prière aux enfers pour déchaîner le chaos universel s'accorde avec son refus total de l'amour et de l'harmonie, soit sur le plan sentimental, soit sur le plan cosmique.

Comme Lancaster l'a fait observer, les personnages mineurs sont plus actifs et plus développés qu'ils ne le sont d'habitude dans la tragi-comédie(44). L'entremetteuse Clariane, hypocrite et totalement dénuée de scrupules, se délecte de son pouvoir sur le destin d'autrui et se vante de tourner à son gré la roue de Fortune. Bien qu'elle attribue son penchant criminel à l'avarice (vv.1111-14), il est manifeste que c'est plutôt la soif du pouvoir qui la fait agir. Son éloquence se déploie surtout dans la scène (IV,5) où elle essaie de corrompre Léonie, jouant habilement avec les différents codes de morale avant d'étaler sa propre doctrine de l'honneur. Quant à son repentir soudain à la fin, il peut s'expliquer par le désir de ne pas survivre à la perte définitive de son pouvoir, ou bien par son acceptation de la loi du plus fort (autrement dit, la morale de ceux qui triomphent doit être la meilleure). Nelson, qui en juge plus favorablement, démontre que le repentir par attrition (on craint le châtiment plus qu'on ne regrette l'offense) est valable selon la théologie catholique(45).

Evandre, la contre-partie de Clariane, est le raisonneur officiel de la pièce, mais c'est également un personnage vivant, doué de courage, de lucidité et de loyauté. Nous le voyons tantôt bouillant d'indignation (III,4; IV,8; V,3), tantôt fermement optimiste, tantôt gentiment ironique (V,8).

Clarimond, le ravisseur malheureux, manque de perspicacité, ne comprenant jamais que les sentiments de Parthénie à son égard n'ont jamais dépassé l'amitié. Le récit qu'il fait à Thersandre de ses "amours" se base sur une illusion volontaire, que le public saura démasquer aussitôt que Parthénie commencera à parler. Quoique résolu à la mort, il diffère son suicide pour savoir si sa bien-aimée laissera percer des regrets au moment de son mariage, puis décide de profiter de la transformation de Félismond pour enlever la reine. Se comparant tour à tour aux géants révoltés et à Phaéton, il semble apprécier l'impossibilité et l'immoralité de son entreprise mais préfère la justifier avec des termes positifs comme "noblement" et "dessein glorieux" (II,3; III,5). Etant donné le rôle de victime prédestinée à la défaite, qu'il a librement adopté, Clarimond doit mourir. C'est ici que s'établit un parallèle curieux avec Parthénie, mais Clarimond, s'étant ligué avec les forces du mal, n'aura pas le droit de ressusciter. Il essuiera même la frustration ultime pour un personnage théâtral: mourir immédiatement, sans pouvoir prononcer un dernier discours, et mourir incognito dans les ténèbres. Selon le plan allégorique, on pourrait dire qu'il représente le péché de désespoir, l'abandon de tout optimisme en ce qui concerne le salut.

L'INNOCENTE INFIDELITE ET L'HISTOIRE DES TROIS UNITES

Dans les années 1630 la fameuse querelle des unités éclipsa les autres questions théoriques et déclencha une foule de polémiques. Il faut se rappeler qu'en 1628, l'année où François Ogier leur refusa toute utilité, dans la célèbre préface qu'il composa pour la tragi-comédie *Tyr et Sidon* de son ami Schélandre, les unités n'avaient encore qu'une poignée de défenseurs, et que la plupart des dramaturges ignoraient jusqu'à l'existence de ces règles. L'adoption officielle de celles-ci par la nouvelle Académie française en 1637, suivie bientôt par la capitulation de la majorité des poètes, signala un changement de direction rapide et fatidique pour le théâtre en France. En fait, il y eut deux évolutions simultanées: les lettrés finirent par admettre la nécessité d'avoir des règles dans la poésie, et le débat théorique précisa la définition des unités, dont l'interprétation devenait de plus en plus stricte et contraignante(46).

C'est dans la tragi-comédie, genre qui servait alors de
bastion aux dramaturges dits irréguliers, que l'introduction
des trois unités causait le plus de problèmes. En écrivant
un art poétique sous forme de préface pour sa *Silvanire*,
tragi-comédie pastorale (1631), Jean de Mairet ouvrit ce
chapitre du débat. Mais *Silvanire*, dont la structure
s'inspirait de la pastorale italienne, ne pouvait guère
servir de modèle pour la tragi-comédie romanesque, qui était
en fait un genre indépendant et le plus populaire à ce
moment-là. Dans *Virginie* (publiée en 1635), sa première
tentative dans la tragi-comédie non-pastorale, Mairet se
proposa de soumettre le genre au "carcan des unités"(47).
Son compromis, qui gagna l'approbation du public, retenait
la plupart des éléments les plus appréciés: l'amour, ou
plutôt la réunion des amants séparés, comme thème principal,
le dénouement heureux agencé par la providence divine, le
goût des surprises et des péripéties nombreuses, des scènes
de violence, avec parfois des morts sur scène, et, bien
entendu, le décor à compartiments, qui pouvait se prêter aux
scènes à grand spectacle. Dans un genre pareil, il ne
pouvait être question des trois unités, telles que Racine
les employait. Cependant Mairet, en limitant la durée de
l'action à vingt-quatre heures, n'avait guère à se soucier
de la doctrine de la stricte vraisemblance: il suffisait de
rassembler les nombreux personnages dans un seul endroit, ou
un groupe d'endroits voisins, en prodiguant les coïncidences
et en reléguant à l'époque précédant le début de la pièce
les errances traditionnelles des héros. Quant à l'unité de
lieu, il s'agit, comme le dira Corneille, des lieux où l'on
peut aller dans les vingt-quatre heures, ce qui voulait dire
normalement une ville et la campagne qui l'entoure(48).
Même à la fin de la décade, La Mesnardière légitimera cette
interprétation de l'unité, plus conforme à la vraisemblance:

> La Scène, autrement le Lieu où l'Action a été
> faite, designant pour l'ordinaire vne Ville toute
> entiére, souuent vn petit Païs, & quelquefois vne
> Maison; il faut de nécessité qu'elle change autant
> de faces qu'elle marque d'endroits diuers.
> Qu'elle ne découure pas vn Jardin, ni vne Forest,
> pour la Scéne d'vne Action qui s'est passée dans
> le Palais; & que mesme en ce Palais elle ne fasse
> pas voir dans l'Appartement du Roy ce qui doit
> auoir été fait dans le Cabinet de la Reine(49).

Pour observer l'unité d'action, il fallait faire un effort
supplémentaire pour nouer plusieurs "épisodes" et un grand
nombre de personnages, car le genre exigeait toujours une
intrigue très complexe.

L'exemple de *Silvanire* et de *Virginie* inspira plusieurs confrères de Mairet, dont l'attachement aux unités n'avait rien de dogmatique. Corneille dans *Clitandre* et Du Ryer dans *Alcimédon* avaient une conception de la tragi-comédie presque identique à celle de Mairet, sans pour autant renoncer à l'option de revenir à l'"irrégularité" par la suite. Le fait que Corneille obtint un très grand succès avec des comédies qui maltraitent les unités, comme *La Veuve*, et pareillement Du Ryer avec son Cléomédon , dut retarder leur décision d'embrasser ces unités comme une règle absolue. Il est curieux de constater que Scudéry, qui se proclamera en 1637 le défenseur des unités et de l'autorité suprême de l'Académie, ne se pliera au joug de ces règles qu'à la suite de la querelle du *Cid*. Son *Amant libéral* (joué en 1636, juste avant *Le Cid*), suit assez servilement la nouvelle éponyme de Cervantès, sans se préoccuper d'aucune des trois unités. En somme, les auteurs semblent considérer les règles comme une expérience à tenter, plutôt que comme une doctrine. C'est l'Académie qui finira par promulguer une doctrine officielle du classicisme, dont les trois unités constitueront une des fondations.

Quel était le rôle de Rotrou dans cette controverse? En tant que poète officiel d'une des troupes permanentes de la capitale, il dut être au courant des débats sur les unités. De plus, il appartenait depuis 1633 au cercle du cardinal de Richelieu, et, du moins depuis le début de cette même année à celui du comte de Belin, autre patron généreux des artistes et protecteur également de Mairet(50). Nous ignorons totalement la position de Rotrou, car il ne participa jamais activement aux querelles littéraires. Même si un des pamphlets de la querelle du *Cid* est de lui, il s'agit simplement d'une tentative de réconciliation entre Corneille et Scudéry, sans la moindre discussion théorique(51). A juger de ses idées d'après ses pièces, Rotrou ressemble au Corneille des préfaces composées avant 1637: pragmatique avant tout, voulant bien faire des expériences avec les règles nouvellement proclamées, mais sans leur reconnaître une autorité absolue. Si dans plusieurs tragi-comédies de cette décade Rotrou adopte les unités de temps et de lieu, il les néglige de manière flagrante dans d'autres tragi-comédies, dont plusieurs composées après *L'Innocente infidélité* (notamment *Agésilan de Colchos*, *Les Deux pucelles* et *La Belle Alphrède*). Le choix de se conformer ou non aux unités était dicté, en grande partie, par la source ou par la nature du sujet. Si notre pièce n'a pas de source directe, la décision de respecter les unités a dû figurer parmi les préoccupations conscientes de l'auteur.

L'unité de temps se prête à merveille au symbolisme de la pièce, même si le rythme des événements risque de nous sembler trop précipité. Parthénie, associée à la lumière et à la pureté, doit célébrer ses noces vers midi et trouver son triomphe final à l'aube. Hermante, associée à l'amour lascif, aux enfers et à l'anéantissement de l'univers, atteint le comble de ses désirs à la nuit tombante, ses lamentations et ses imprécations étant réservées au matin. Il est curieux que Rotrou néglige de signaler tout au début de la pièce que c'est l'aube (indication traditionnelle selon laquelle l'unité de temps sera respectée); en fait le lecteur devra attendre le milieu du premier acte pour apprendre qu'on est au jour fixé pour le mariage royal (vv.149-50, 225). Mais par la suite, le poète signalera que l'action se limite à vingt-quatre heures: Félismond promet à Hermante de faire assassiner la reine "sur le soir un peu tard" (vv.628, 717), Parthénie doit partir "dans une heure" pour le château d'Evandre (v.785), Clarimond arrive pour l'enlèvement quand il fait nuit (vv.1032, 1089), Parthénie et Evandre quitteront le château avant l'aube (vv.1157-58), etc. Le grand prêtre insistera de nouveau sur l'unité de temps en disant que la reine a passé "la nuit d'hymen dans les bras de Neptune" (v.1382). Si Félismond, sous l'influence de la bague, proclame que Parthénie, mourant dans l'eau, aura "Une course commune avecque le soleil" (v.850), la structure de la pièce correspond au mouvement cyclique du soleil, qui fait succéder le jour à la nuit.

Rotrou, tout en gardant l'unité de lieu (du moins selon l'interprétation des années 1630), respecte le goût de son temps pour le spectaculaire et met en relief tous les avantages du système du décor à compartiments. (Dans une autre section nous analyserons en détail la mise en scène). Le décor contribue surtout à rendre visible la distinction entre l'espace sacré et l'espace profane – dichotomie indispensable pour mettre en valeur le plan allégorique ou religieux de la pièce. On peut, à partir de cette perspective, diviser en trois catégories les lieux où se déroule l'action: endroits plutôt neutres (place publique devant le palais, salle à l'intérieur), endroits associés aux traîtres (maison de Clarimond, chambre à coucher dans le palais) et ceux qui appartiennent aux dieux ou aux personnages vertueux (temple, château d'Evandre). A deux moments situés symétriquement (II,1 et IV,7-8) les traîtres pénètrent dans une zone interdite, n'oubliant pas de lancer un défi blasphématoire au Ciel (II,2 et IV,5). Dans un monde où l'effraction équivaut au sacrilège, il faudra une cérémonie de purification pour rétablir l'ordre à la fin. Toute la compagnie qui vient d'assister aux noces doit se rassembler au même endroit pour pleurer la mort supposée de Parthénie, pour entendre le roi coupable s'accuser publiquement et pour témoigner de la "résurrection" de la reine. Félismond, tiraillé entre l'amour sacré et la concupiscence, se rend définitivement au temple, où il retrouve tous les personnages vertueux et d'où les êtres méchants (morts ou en prison) sont désormais exclus. Hermante proclame enfin l'impuissance des enfers (V,5), dont elle avait proposé de faire substituer le culte à celui des dieux, et la providence divine est pleinement victorieuse (V,4 et 8). Tous les personnages, y compris les forces surnaturelles, se placent chacun à l'endroit qui lui convient.

L'unité d'action s'observe dans *L'Innocente infidélité* avec une exactitude qui aurait contenté les théoriciens les plus sévères. (C'est surtout dans le domaine des bienséances que cette pièce pèche contre l'esthétique classique). Rotrou n'introduit aucun personnage ni aucun épisode inutiles. Les deux fils de l'intrigue, c'est-à-dire les deux tentatives pour désunir le couple Félismond-Parthénie, par l'ensorcellement du roi et par l'enlèvement projeté de la reine, sont inséparablement liés. C'est l'efficacité de la bague magique sur Félismond qui pousse celui-ci à commander le meurtre de sa femme et qui renouvelle l'espoir chez Clarimond, qui sollicitera l'aide de Clariane. De même, c'est par la capture de l'entremetteuse à la suite de l'enlèvement manqué qu'elle révèle l'existence de la bague, dont la seule découverte permettra la défaite d'Hermante et le rappel de Parthénie.

L'exposition habile présente les deux fils de l'intrigue avant la fin du premier acte, et, malgré le caractère mouvementé et violent de l'action, toutes les péripéties naissent directement des données initiales. L'emploi du *deus ex machina*, procédé ordinaire dans le théâtre de l'époque, n'est pas nécessaire, même pour défaire l'opération du charme magique: il suffit qu'Evandre arrache la bague du doigt d'Hermante. Même les monologues n'interrompent pas le déroulement de l'intrigue. Les imprécations d'Hermante au début de la pièce (I,1) piquent tout de suite la curiosité du public et contribuent à l'exposition, tout comme ses malédictions finales (V,5) font partie du dénouement. Trois autres monologues se justifient en partie par la nécessité d'indiquer le passage du temps: III,3, où Parthénie fait une prière tandis que son époux ordonne sa mort dans le cabinet à côté; IV,5, où Clariane attend le retour des conjurés dans une heure; et V,4, qui sert à donner à Hermante (et surtout à l'actrice) le temps d'arriver dans sa prison. Finalement, les monologues servent à établir la fonction morale des personnages, qui représentent, soit les forces du bien, soit celles du mal. Si Hermante reste au temple après la sortie embarrassée du

couple royal et des invités, c'est pour blasphémer les dieux
dans l'enceinte sacrée (II,2); de même, ses stances (IV,1)
proclament son refus de la morale et de la théologie
conventionnelles. Il faut ajouter que tous les monologues
de la pièce contribuent au schéma allégorique. Ce n'est
certainement pas par hasard que les monologues dans lesquels
Clariane (IV,5) et Hermante (V,2) se réjouissent du succès
infaillible de leurs entreprises sont immédiatement suivis
par le renversement total de ces projets, et que la prière
de Parthénie, dans laquelle celle-ci exprime sa résignation
aveugle aux volontés du Ciel (III,3), est suivie du retour
d'Evandre, résolu à lui sauver la vie.

Il est dommage que *L'Innocente infidélité*, considérée
comme régulière en 1635, soit déjà démodée et irrégulière
quelques années plus tard. Voltaire, qui méprisa ce reflet
de la "barbarie" préclassique, ne pouvait apprécier ni les
efforts que firent Rotrou et ses collègues pour concilier la
doctrine qui s'élaborait alors et le goût de leur public, ni
les pertes que l'interprétation rigoriste des trois unités
allait coûter au théâtre français, dont surtout la
disparition du genre tragi-comique vers le milieu du dix-
septième   siècle.

LA MISE EN SCENE

Bien que *L'Innocente infidélité* ne figure pas dans le
Mémoire de Mahelot, il est évident que Rotrou visait à
plaire aux yeux autant qu'aux oreilles de ses spectateurs et
à satisfaire leur goût du spectacle grandiose. Les scènes
les plus impressionnantes sont bien entendu les deux
cérémonies (noces royales et obsèques de la reine) dans le
temple. Jugeant d'après la description, chez Mahelot, du
temple exigé par la représentation de *Hercule mourant*,
vraisemblablement composée vers la même époque, celui de
notre pièce dut être "superbe"(52). On peut supposer la
présence de guirlandes ou d'autres décorations pour le
mariage, ce qui ferait un contraste d'autant plus marqué
avec "le temple tapissé de deuil" à la fin de la pièce. Non
seulement ces cérémonies rassemblent la majorité des
personnages (huit, et probablement Léonie aussi, sans
compter "la suite d'officiers et de parents", pour le
mariage; sept, sans compter les figurants, pour le tableau
final), avec les costumes les plus somptueux dont la troupe
disposait; il y a aussi un accompagnement musical
significatif. La sortie solennelle du couple royal
s'annonce par des sonneries de trompettes (aux vers 300 et
324). Puisque cet instrument ne fait pas partie de
l'orchestre normal des théâtres au dix-septième siècle, qui
ne consistait qu'en un petit groupe de violons, il est

possible que ces musiciens supplémentaires aient joué davantage - peut-être tout au début de l'Acte II et à la conclusion de la pièce. Signalons également que, bien que Rotrou utilise ailleurs des trompettes pour une entrée royale ou pour la proclamation d'un héraut, c'est le seul cas où cet instrument participe à une cérémonie religieuse(53).

Le texte indique un nombre fort élevé de figurants. Dans les deux scènes du temple il doit y avoir assez de personnes pour représenter "le peuple d'Epire". Les officiers qui composent la suite du roi Félismond sont très actifs dans la pièce. A part leur fonction ordinaire d'accompagner le roi (I,3; III,3; V,7), ils servent à arrêter Hermante et à l'emmener en prison (V,4). En outre Rotrou introduit les valets d'Hermante, qui aident le roi à s'habiller (V,1) et que celui-ci renvoie pour arranger au temple "l'appareil funèbre". Si, comme nous le croyons, ces valets sortent au vers 1292, ils ne sauraient se confondre avec les officiers du roi, dont il est question au vers 1311. Il faudrait supposer, dans ce cas-là, que Félismond appelle ses gardes pendant la tirade où Hermante réclame son châtiment (vv.1293-1310).

Le décor unitaire n'étant pas encore accepté par les dramaturges ni même par la majorité des théoriciens, la pièce maintient le décor à compartiments. Comme d'habitude, Rotrou précise rarement le lieu exact de chaque partie de la pièce. Mais il faut se rappeler que Rotrou, en tant que poète à gages, était en contact avec les acteurs à tout moment, et qu'ils pouvaient convenir entre eux des détails de la mise en scène. Il est probable d'ailleurs que les changements de décor à l'intérieur d'un acte (autrement dit, les passages où la liaison des scènes n'est pas respectée) se faisaient rapidement, sans laisser de grandes pauses. Au lieu de ralentir et d'interrompre l'action, ces changements devaient produire l'impression de tension et de précipitation.

Nous proposons le schéma suivant pour le décor, en ajoutant que certains de ces lieux ne sont que des conjectures:

I,1-4	une place devant le palais?
I,5	chez Clarimond?
II,1-2	le temple
II,3	chez Clarimond?
II,4-5	une salle du palais
III,1	une salle du palais (peut-être la même)
III,2-4	une autre salle du palais, cabinet à côté
III,5-6	une place devant le palais?

```
IV,1-2      une salle du palais
IV,3        le château d'Evandre, intérieur
IV,4-5      le jardin du château?
IV,6        l'intérieur du château
IV,7-8      le jardin du château, près de la porte (54)
V,1-4       une chambre à coucher dans le palais, avec
            cabinet contigu
V,5         la prison (haute tour dans le palais)
V,6-8       le temple
```

Le premier décor de la pièce doit servir pour les imprécations frénétiques d'Hermante, suivies par deux rencontres imprévues (avec Clariane, puis avec Félismond). Nous ne sommes pas dans le palais, car il ne serait guère vraisemblable que Clariane et Hermante discutent le projet secret de l'anneau magique dans un lieu pareil. Juste avant le changement de décor Rotrou confirme notre hypothèse, car Hermante annonce qu'elle attendra son amie au palais (v.180). Sommes-nous donc chez Hermante? Le monologue initial de celle-ci et la discussion avec Clariane pourraient s'y dérouler très naturellement, mais comment expliquer l'arrivée du roi avec sa suite? Certes il ne songerait guère à rendre visite à sa maîtresse délaissée le jour même de son mariage. Le ton désinvolte de la première réplique de Félismond (v.133) suggère un lieu public, et le fait qu'Hermante ne s'étonne même pas de la rencontre indique, nous semble-t-il, qu'ils sont devant le palais. Il est impossible de déterminer si Félismond en sort ou y rentre, mais l'époque n'est pas encore arrivée où les dramaturges seront obligés de justifier pleinement les entrées et les sorties de leurs personnages.

A I,5 et II,3 nous sommes vraisemblablement chez Clariane, mais ce décor ne saurait convenir pour III,5-6. S'il s'agissait d'un intérieur, Clariane ne surprendrait pas les deux hommes (v.777), car elle devrait entrer chez eux par la porte, et elle n'aurait aucune raison de regarder autour d'elle, de crainte d'être surprise (v.785). Le fait qu'elle demande aux conjurés de se retrouver "en ce lieu" quand elle aura de nouveau quitté le palais (v.812) indique que l'endroit est assez près du palais.

Quant à l'autre conjecture, nous proposons un jardin pour IV,4-5, car la rencontre furtive des trois conjurés doit avoir lieu dehors. Il est probable que Clariane indique du doigt la porte du jardin (v.917), et le fait que le carrosse de Clarimond est "à quatre pas d'ici" (v.905) confirme que nous sommes près de l'entrée secondaire ou secrète du château d'Evandre. De plus, le dialogue entre Clariane et Léonie suggère qu'elles se trouvent dans un jardin spacieux mais entouré de murailles (surtout vv.921-30).

Si l'on accepte notre schéma, il y a neuf lieux différents dans la pièce, dans une mise en scène réaliste (style dix-neuvième siècle), et il faudrait changer le décor treize fois, dont dix au milieu des actes. Cependant la génération de Rotrou ne se piquait pas d'une telle exactitude dans le décor, et le décorateur de l'Hôtel de Bourgogne (probablement Mahelot, qui semble avoir quitté la troupe vers la fin de 1635), ne disposait que de cinq compartiments. A notre avis, les compartiments représentaient les lieux suivants: la maison de Clarimond, le temple, une salle dans le palais royal, l'intérieur du château d'Evandre et la tour. Pour la place publique et le jardin du château, l'espace neutre au centre du plateau suffirait, et le public aurait besoin d'un peu d'imagination, comme cela arrivait si souvent dans les mises en scène de cette époque. Le temple se situait probablement au fond de la scène, devant accommoder le plus grand nombre d'acteurs, et le texte précise que "le théâtre s'ouvre" – c'est-à-dire qu'il était caché par un rideau pendant le reste du spectacle. La présence de ce rideau permettrait facilement au décorateur d'y mettre sans être vu les tapisseries noires et le tombeau vide dont il est question à la fin de la pièce. De plus, les compartiments ouvrants permettent au poète d'évoquer "de véritables tableaux vivants, brusquement révélés au public"(55).

La prison d'Hermante est apparemment une tour élevée. Le texte de l'indication scénique pour V,5 ("seule, en haut d'une tour, les fers aux mains et aux pieds") ne saurait indiquer que la prisonnière se trouve au-dessus de la tour, aux remparts du palais, car elle dira bientôt qu'elle ne peut pas "forcer ces murailles" (v.1341). Il est probable que cette scène utilisait le théâtre supérieur, qui servait souvent pour les prisons théâtrales à l'époque et dont la hauteur rendait l'épisode d'autant plus imposant pour la vue(56).

L'intérieur du palais royal présente plusieurs problèmes. A la fin de III,1 Félismond et Hermante sortent, et ce doit être dans une autre salle du palais que Parthénie et Evandre se trouvent à la scène suivante. Mais il n'est pas nécessaire de supposer l'existence d'un autre compartiment. Morel a démontré que dans plusieurs pièces de Rotrou le passage d'un personnage d'un lieu à un autre se fait selon le principe suivant: "pour aller d'un lieu *A* à un lieu *B*, le personnage doit d'abord sortir de scène; un ou plusieurs autres personnages peuvent alors, soit demeurer au lieu *A*, soit apparaître au lieu *B*, où ils attendront la rentrée de ce premier personnage. Le personnage qui passe de *A* en *B* fera sa rentrée à la fin de cette scène ou de ce tableau"(57).

Au début du cinquième acte le texte précise que "la chambre s'ouvre". Il s'agit manifestement d'une chambre à coucher, car le roi est en train de s'habiller, alors qu'Hermante, déjà tout habillée, se coiffe au miroir. S'agit-il d'un nouveau compartiment? Peut-être, mais le fait que cette chambre et la salle de III,2-4 ont toutes deux un "cabinet" à côté nous suggère que c'est le même décor, réarrangé et meublé pour le dernier acte. Le cabinet était apparemment une porte praticable communiquant avec la coulisse, car Félismond et sa suite y entrent pour ne plus en ressortir (III,3). Il nous semble que la chambre du cinquième acte est le même compartiment qui servait comme salle vide aux actes II et III; l'existence d'un rideau pour la cacher (indiqué par l'expression "la chambre s'ouvre") permettrait au décorateur d'y transporter les accessoires dont on aura besoin plus tard. Il y a une autre possibilité, qui nous paraît pourtant moins probable: la chambre du cinquième acte pourrait être un compartiment réservé à ce seul usage, et les scènes que nous avons placées dans une salle neutre du palais se joueraient au centre du plateau. Le terme "cabinet", qui figure dans l'indication scénique au vers 685, indiquerait simplement que les personnages sortent, mais que l'un d'eux (Evandre) va bientôt revenir.

Le problème le plus compliqué pour le metteur en scène est la bataille entre les ravisseurs et les protecteurs de Parthénie (IV,7-8). Tout d'abord il faut identifier la porte de l'indication scénique en tête de IV,7. Nous croyons avec Morel que c'est la porte du jardin, déjà mentionnée au vers 918(58). Viollet-le-Duc, qui refaisait les indications scéniques de Rotrou à son gré, conçoit l'épisode tout autrement: il propose deux pièces voisines dans le château, séparées par une porte. A la fin du vers 1085 les trois conjurés entrent dans l'appartement de Parthénie, où Evandre et Léonie tirent sur eux. Pourtant cette interprétation s'accorde mal avec le texte de l'édition originale. Clarimond semble voir la terre qui tremble sous ses pas - hallucination plus appropriée au jardin qu'à l'interieur d'un château (v.1076). De plus, Clariane ordonne aux deux hommes de la suivre sans bruit (v.1082), mais s'ils sont déjà à l'intérieur, et si près de la chambre de Parthénie, pourquoi osent-ils parler? Toute la conversation de IV,7 serait plus vraisemblable dans le jardin.

En fait, les indications scéniques de Rotrou sont assez

claires: au v.1086 Evandre et Léonie sortent et tirent sur
les agresseurs, qui se préparent à entrer dans le château.
Parthénie, qui reste sur le seuil, ne s'avancera qu'après la
courte bataille. Toute la scène IV,8 se déroule dans le
jardin, ce qui s'accorde avec la convention, dans la tragi-
comédie, de montrer les scènes de violence et de tuerie en
plein air. L'indication scénique "en montant" (v.1083) nous
suggère les précisions suivantes: le compartiment qui
représente l'intérieur du château a besoin d'une porte
praticable et de quelques marches. Dans la bataille Evandre
et Léonie ont donc deux avantages: la surprise et
l'élévation. Néanmoins Rotrou a probablement conçu tout
l'épisode IV, 3-8 comme un ensemble, où les personnages à
l'intérieur et à l'extérieur restent continuellement
visibles. Le passage de l'un à l'autre est une technique
qui reparaît dans plusieurs autres pièces de Rotrou,
permettant ainsi des effets de surprise et de tension
croissante.

Les propriétés scéniques sont relativement nombreuses
et possèdent une valeur symbolique de premier plan. Le
texte indique, en dehors de l'anneau magique, un autel
(II,1), des présents (c'est-à-dire, bourses d'argent, IV,5),
la porte du jardin (IV,7), des pistolets (IV,8), un miroir
(V,1), une lettre (V,2), deux poignards (V,3 et V,7), des
fers pour Hermante (V,5), le tombeau vide (V,6). On
pourrait les grouper, comme les décors, en trois catégories:
les instruments de violence ou de tentation, et donc
apparentées aux traîtres (l'anneau, les bourses, le miroir)
ou aux justiciers qui punissent ceux-ci (les pistolets, les
poignards, les fers); les objets qui ont une valeur sacrée
(l'autel, le tombeau) ou qui s'associent aux personnages
vertueux (la lettre de Parthénie); et les objets neutres qui
se rapportent au décor (la porte du jardin, celle du
cabinet).

LE TEXTE

L'édition de 1637 (Paris, Antoine de Sommaville) étant
la seule publiée du vivant de l'auteur, c'est celle que nous
reproduisons. Nous en avons consulté quatre exemplaires
venant de la Bibliothèque Nationale à Paris et de Yale
University. Ils sont identiques, à part les deux
exemplaires qui portent la date de 1638 mais qui semblent
n'être qu'un nouveau tirage. Nous n'avons trouvé que dans
un seul de ces exemplaires (Yf. 350 de la Bibliothèque
Nationale) un point à la fin du vers 611.

Il faut préciser que l'édition originale ne fut jamais
revue par Rotrou (voir la section sur la date et l'histoire

de la pièce). Ce fait explique, non seulement la ponctuation très défectueuse, mais aussi les solécismes étonnants (vv.505, 1363), les irrégularités dans l'alternance des rimes (après les vers 920, 1058 et 1142), les vers faux (vv.1092, 1317) et la mauvaise attribution d'une réplique (vv.608-10).

Nous avons suivi l'usage moderne en ce qui concerne l'emploi des lettres I et J, U et V, et la différence entre les mots à et a, où et ou, là et la, peut-être et peut être. Nous avons corrigé les erreurs typographiques manifestes et rectifié la ponctuation lorsque celle-ci était incohérente, ce qui arrive assez souvent. Nous avons donc tenté un compromis entre la fidélité scrupuleuse et le besoin de placer entre les mains des lecteurs un texte facilement lisible et le moins déconcertant possible.

NOTES TO INTRODUCTION

(1) Voltaire, *OEuvres complètes*, éd. Theodore Besterman, t. 54, Banbury, 1975, pp. 8-9. *La Pèlerine amoureuse* (publiée en 1637) est aussi de Rotrou.

(2) Chevalier de Mouhy, *Abrégé de l'histoire du théâtre français*, Paris, 1780, t. 1, p. 260. Cf. Claude et François Parfaict, *Histoire du théâtre français depuis son origine jusqu'à présent*, Paris, 1735-49, t. 5, p. 133.

(3) Rotrou, *OEuvres*, éd. Viollet-le-Duc, Paris, 1820, t. 3, pp.98-99.

(4) Voir surtout F. 'Orlando, *Rotrou, Dalla tragicommedia alla tragedia*, Turin, 1963; R. Lebègue, *Etudes sur le théâtre français*, Paris, 1977, t. 1 (articles sur Rotrou et sur le baroque); Wilfried Floeck, *Die Literarästhetik des französischen Barock*, Berlin, 1979, pp. 178-98.

(5) H. C. Lancaster, *A History of French Dramatic Literature in the Seventeenth Century*, t. 2, Baltimore, 1932, p. 73.

(6) F. Neri, *Storia e poesia*, Turin, 1944, p. 195.

(7) H. C. Lancaster, *The French Tragi-Comedy, Its Origin and Development from 1552 to 1628*, New York, 1966, p. 101. Voir aussi pp. 132-47; Marvin Herrick, *Tragicomedy: Its Origin and Development in Italy, France and England*, Urbana, 1962, pp. 172-214.

(8) Pour une discussion approfondie du baroque théâtral, voir Jean Rousset, *La Littérature de l'âge baroque en France*, Paris, 1954, et les articles de Lebègue dans l'anthologie citée.

(9) J. Morel, *Jean Rotrou, dramaturge de l'ambiguïté*, Paris, 1968, pp. 156-61.

(10) Guérin de La Pinelière, *Le Parnasse ou la critique des poètes*, 1635; réimpr. Genève, 1973, p. 62.

(11) Guez de Balzac, Lettre à Boisrobert du 3 avril 1635, in Georges Mongrédien, *Recueil des textes et des documents du XVIIe siècle relatifs à Corneille*, Paris, 1972, p. 55. Notre datation est confirmée par André de Leyssac dans son édition critique de *Médée*, Genève, 1978, p. 11.

(12) La Pinelière, *Le Parnasse*, p. 62.

(13) S. W. Deierkauf-Holsboer, *Le Théâtre de l'Hôtel de Bourgogne*, t. 1, Paris, 1968, pp. 155-64.

(14) Ph. Butler, *Classicisme et baroque dans l'OEuvre de Racine*, Paris, 1959, p. 149. Il s'agit peut-être d'une erreur typographique.

(15) A. Jal, *Dictionnaire critique de biographie et d'histoire*, Paris, 1872, p. 1087, article "Rotrou".

(16) Rotrou, *Clarice, ou l'amour constant*, Paris, 1643; achevé du 28 octobre 1642, "Au lecteur".

(17) Jean Chapelain, *Lettres*, éd. Philippe Tamizey de Larroques, Paris, 1880, t. 1, pp. 133-35, 181. Voir aussi Henri Chardon, *La Vie de Rotrou mieux connue*, Paris, 1884, pp. 105-06, 135-36.

(18) H. C. Lancaster, *A History*, t. 2, p. 404.

(19) Rotrou, *OEuvres*, 1820, t. 3, pp. 98-99.

(20) E. Martinenche, *La Comedia espagnole en France de Hardy à Racine*, Paris, 1900, p. 170. Voir aussi Georg Steffens, *Jean de Rotrou als Nachahmer Lope de Vega's*, Oppeln, 1891.

(21) Lancaster, *A History*, t. 2, p. 73.

(22) Jules Marsan, *La Pastorale dramatique en France*, 1905; réimpr. Genève, 1969, surtout pp. 194-95.

(23) Pierre Troterel, *L'Amour triomphant*, Paris, 1615, II,3; p. 119.

(24) *Théâtre du XVIIe siècle*, éd. Jacques Scherer, Paris, Gallimard, 1975, qui contient la seule édition moderne de *La Bague de l'oubli*.

(25) Francesco Petrarca, *Epistolae rerum familiarum libri XIV*, dans la lettre I,3, (I,4 dans la plupart des éditions modernes) au cardinal Giovanni Colonna, datée le 21 juin 1333. Pour l'histoire de cette légende, voir Gaston Paris, *Histoire poétique de Charlemagne*, Paris, 1905, pp. 382-84; "L'Anneau de Fastrade" (compte-rendu d'un livre d'August Pauls) in *Journal des savants* 1896, pp. 637-43, 718-30.

(26) Sebastiano Erizzo, *Le Sei giornate*, éd. G. Papini, Lanciano, 1916, p. 23.

(27) E. Friedrich, *Die Magie im französischen Theater des XVI. und XVII. Jahrhunderts*, Leipzig, 1908, première partie. Voir aussi Jules Garinet, *Histoire de la magie en France*, Paris, 1965.

(28) H. Gillot, "Le Théâtre d'imagination au XVIIe siècle: Jean de Rotrou" in *Revue des cours et conférences* 34, 1933, p. 674.

(29) Friedrich, *Die Magie*, pp. 241-42.

(30) Saint-Marc Girardin, *Cours de littérature dramatique*, t. 3, Paris, 1862, pp. 356, 358.

(31) Morel, *Jean Rotrou*, p. 28.

(32) Butler, *Classicisme et baroque*, p. 149.

(33) Neri, *Storia e poesia*, p. 195.

(34) Orlando, *Rotrou*, p. 166.

(35) R. Nelson, *Immanence and Transcendence: The Theater of Jean Rotrou*, Ohio State University Press, 1969, p. 73.

(36) Voir Rousset, *La Littérature de l'âge baroque*.

(37) Saint-Marc Girardin, *Cours*, t. 3, p. 357.

(38) Pour une discussion approfondie de ce motif, voir Orlando, *Rotrou*, premier chapitre.

(39) Nelson, *Immanence and Transcendence*, p. 74.

(40) Surtout Viollet-le-Duc dans sa notice.

(41) Martinenche, *La Comedia espagnole*, p. 170.

(42) Lebègue, *Etudes sur le théâtre français*, t. 1, pp. 391, 378. Voir aussi Jacques Morel, "Les Criminels de Rotrou en face de leurs actes" in *Le Théâtre tragique*, éd. Jean Jacquot, Paris, 1962, pp. 225-37.

(43) J. Morello, *Jean Rotrou*, Boston, Twayne, 1980, pp. 70-71.

(44) Lancaster, *A History*, t. 2, p. 74.

(45) Nelson, *Immanence and Transcendence*, p. 74.

(46) Voir pour l'évolution des trois unités, René Bray, *Formation de la doctrine classique en France*, Paris, 1926; la longue introduction de Richard Otto pour son édition critique de *Silvanire*, Bamberg, 1890.

(47) *Théâtre du XVIIe siècle*, éd. Scherer, p. 1283.

(48) Corneille, *Théâtre complet*, éd. Georges Couton, Paris, Garnier, 1971, t. 1, p. 239 (*La Veuve*, "Au Lecteur").

(49) La Mesnardière, *La Poëtique*, Paris, 1640, p. 412.

(50) Voir Chardon, *La Vie de Rotrou*, et la dédicace de *Hercule mourant* au cardinal,(1636). La participation de Rotrou à l'équipe des "Cinq Auteurs" est trop connue pour la retracer ici.

(51) *L'Inconnu et veritable amy de Messieurs de Scudery et Corneille*, Paris, 1637, ouvrage anonyme souvent attribué à Rotrou.

(52) *Le Mémoire de Mahelot, Laurent et d'autres décorateurs de l'Hôtel de Bourgogne*, éd. H. C. Lancaster, Paris, 1920, p. 102.

(53) Morel, *Jean Rotrou*, pp. 229-30.

(54) Morel préfère l'expression "ensemble chambre et jardin", *Ibid.*, p. 225.

(55) *Ibid.*, p. 244.

(56) Voir R. C. Knight, "Ces funestes lieux: Prison Scenes in the 'Décor simultané'" in *Newsletter of the Society for Seventeenth-Century French Studies* 4, 1982, pp. 48-52.

(57) Morel, *Jean Rotrou*, p. 253.

(58) *Ibid.*, p. 245.

BIBLIOGRAPHIE

BRAY, René — *La Formation de la Doctrine classique en France*, Paris, 1926.

BUTLER, Philip — *Classicisme et baroque dans l'oeuvre de Racine*, Paris, 1959.

CHARDON, Henri — *La Vie de Rotrou mieux connue*, Paris, 1884.

DEIERKAUF-HOLSBOER Sophie Wilma — *Le Théâtre de l'Hôtel de Bourgogne*, Paris, 1968-70, 2 vols.

FLOECK, Wilfried — *Die Literarästhetik des französischen Barock*, Berlin, 1979.

FRIEDRICH, Ernst — *Die Magie im französischen Theater des XVI. und XVII. Jahrhunderts*, Leipzig, 1908.

GILLOT, Hubert — "Le Théâtre d'imagination au XVIIe siècle: Jean de Rotrou" in *Revue des cours et conférences* 34 (1933), pp. 577-90, 673-87.

GUICHEMERRE, Roger — *La Tragi-comédie*, Paris, 1981.

HERRICK, Marvin — *Tragicomedy: Its Origin and Development in Italy, France and England*, Urbana, 1962.

HILGAR, Marie-France — *La Mode des stances dans le théâtre tragique français 1610-1687*, Paris, 1974.

JAL, Auguste — *Dictionnaire critique de biographie et d'histoire*, 1872.

JARRY, Jules — Essai sur les oeuvres dramatiques de Jean Rotrou, Lille, 1868.

LANCASTER, Henry Carrington — *The French Tragi-comedy, Its Origin and Development from 1552 to 1628*, New York, 1966.

" — *A History of French Dramatic Literature in the Seventeenth Century*, Baltimore, 1929-42, 5 vols.

LA PINELIERE, Pierre Guérin de — *Le Parnasse ou la critique des poètes*, Paris, 1635.

LEBEGUE, Raymond — *Etudes sur le théâtre français*, Paris, 1977-78, 2 vols.

LEINER, Wolfgang

"Deux aspects de l'amour dans le théâtre de Jean Rotrou" in *Revue d'histoire du théâtre* 11 (1959), pp. 179-204.

MARTINENCHE, Ernest

La Comedia espagnole en France de Hardy à Racine, Paris, 1900.

MOREL, Jacques

Jean Rotrou, dramaturge de l'ambiguïté, Paris, 1968.

"

"Les Criminels de Rotrou en face de leurs actes" in *Le Théâtre tragique*, éd. Jean Jacquot, Paris, 1962, pp. 225-37.

MORELLO, Joseph

Jean Rotrou, Boston, 1980.

NELSON, Robert

Immanence and Transcendence: The Theater of Jean Rotrou, Ohio State University Press, 1969.

NERI, Ferdinando

Storia e poesia, Turin, 1944.

ORLANDO, Francesco

Rotrou, Dalla tragicommedia alla tragedia, Turin, 1963.

PETRARCA, Francesco

Le Familiari, éd. bilingue Ugo Dotti, Urbino, 1970.

ROTROU, Jean

OEuvres, éd. Viollet-le-Duc, Paris, 1820, 5 vols.

"

L'Innocente infidélité, Paris, Sommaville, 1637.

ROUSSET, Jean

La Littérature de l'âge baroque en France, Paris, 1954.

SAINT-MARC GIRARDIN

Cours de littérature dramatique, Paris, 1861-74, 5 vols.

L'INNOCENTE
INFIDELITE.

TRAGI-COMEDIE

DE ROTROU.

A PARIS,

Chez ANTHOINE DE SOMMAVILLE, au

Palais, dans la petite Salle, à l'Escu de France.

M. DC. XXXVII.

Avec Privilege du Roy.

EXTRAICT DU PRIVILEGE DU ROY.

ACTEURS.

HERMANTE,	maistresse de Felismond.
FELISMOND,	Roy d'Epire.
PARTHENIE,	Reyne d'Epire.
LE DUC,	Oncle de Parthenie.
EVANDRE,	Gentilhomme de Felismond.
THERSANDRE,	Confident de Clarimond.
CLARIMOND,	Amant de Parthenie.
LE PERE,	de Parthenie.
CLARIANE,	Vieille.
LEONIE,	suivante de Parthenie.
LE GRAND PRESTRE.	

L'INNOCENTE

INFIDELITÉ.

TRAGI-COMEDIE.

ACTE I.

SCENE PREMIERE.

HERMANTE, *seule*.

Vous qui ne respirés qu'horreur, et que carnages
Puissances des Enfers, Parques, Discordes, rages,
Du Stix, & de Lethe quittés les tristes bords,
Pour exercer icy vos tragiques efforts,
5 Que je sois seule en butte à vos funestes oeuvres
Megeres, j'ay du sang, pour toutes vos couleuvres,   [p. 2]
J'ay trop, j'ay trop regné sur un perfide coeur,
Il faut qu'un autre objet enfin en soit vainqueur,
Et qu'Hermante honteuse infame delaissee
10 Ne treuve plus de lieu, mesme dans sa pensée,
O sensible douleur! je survis cet affront!
Mon sein n'en rougit pas aussi bien que mon front,
Mon sang soüillé qu'il est coule encor dans mes veines,
Et la peur de mourir prolongera mes peines,
15 Non, non, il faut mourir, quels supplices, quels fers,
A cette malheureuse ouvriront les Enfers?
Quoy, du coup de ma mort, mon bras se peut deffendre,
J'ozay la meriter & je ne l'ozay prendre?
En la punition la peur vient m'assaillir
20 Et je fus si facile, & si prompte à faillir?
Meurs triste objet d'ennuys, mais rends ta mort celebre
Fay de toute l'Epire un Theatre funebre,
Ne medite qu'horreur, que carnage, & qu'effroy,
Va tuër Parthenie entre les bras du Roy
25 Meurs, mais en perissant fay perir ta rivale
Et qu'ainsi que l'amour la mort vous soit égale,   [p. 3]
Frappe d'un mesme temps deux coeurs qui furent siens
Et d'une mesme main, romps deux mesmes liens,

30 N'attend pas que l'objet qui faict naistre ta peine,
Emporte dessus toy la qualité de Reyne,
Romps ce fatal hymen qui doit joindre leurs jours,
Perds ses pretentions, sa vie, & ses amours.

SCENE DEUXIESME.

HERMANTE, CLARIANE, Nourrice.

CLARIANE, *l'arrestant.*

Quel trouble, quels ennuys excitent cette rage?
Et de quelle rougeur est peint ce beau visage?

HERMANTE.

35 Tes conseils suborneurs supplice de mes yeux
Me rendent aujourd'huy l'opprobre de ces lieux,
Toy seule as allumé cette impudique flame
Si vaine, & si fatale au repos de mon ame,
Il faut que de ces mains je déchire le sein
40 Où tu conceus pour moy ce damnable dessein,   [p. 4]
Il faut que de mes dents j'arrache cette langue
Qui me fist cette salle, & funeste harangue,
Par toy, monstre d'Enfer, peste de cette cour
Je perdis mon honneur, & je perdray le jour.

CLARIANE.

45 Quel soudain changement! quelle ardeur insensee!
Quel trouble, quel transport agite sa pensee!

HERMANTE.

Traistresse j'ay le fruict de ces salles advis,
Dont tu m'as tant pressee, & que j'ay trop suivis,
Mon honneur étouffé mon esperance morte
50 Sont les heureux succés que ton conseil m'apporte,
Voila cette grandeur, ce sceptre, ces honneurs
Que m'ont faict esperer tes discours suborneurs.

CLARIANE.

Qu'à vos justes douleurs mon trepas satisface
Et que le Ciel me juge indigne de sa grace,
55 Si je n'avois du Roy ce solemnel serment
Qu'il devoit s'abbaisser pour vostre advancement,
Que vous partageriés son rang, & sa fortune,
Et qu'il treuvait sans vous la lumiere importune.

HERMANTE.

C'est ainsi que l'Amour attaque la vertu,
60 Il dépoüille l'éclat dont il est revestu,
Prend le titre d'enfant, se bande le visage,
Se laisse captiver, offre, promet, s'engage,   [p. 5]
Et quand par cette ruse il se voit triomphant
Change au nom de tyran la qualité d'enfant,
65 En l'acquisition il met toute sa gloire,
Et quand il a vaincu, mesprise sa victoire,
Qui tâche à l'acquerir, tasche de s'en priver
Et des refus dépend l'heur de le conserver,
Mais son mespris en moy treuve une ame sensible.
70 Qu'on invente une mort, épouvantable, horrible,
Qu'on appreste à mes yeux les flammes, & les fers,
Que le Roy s'il se peut fasse ouvrir les Enfers,
Rien ne me peut ravir le dessein legitime
De meriter la mort au moins par un beau crime.
75 Qui peut perdre l'honneur & ne se cacher pas
Peut d'un front asseuré voir l'horreur du trespas.

CLARIANE.

Dieux! que proposés-vous, quel crime, quel carnage?
Qui pour vaincre se perd, n'a qu'un triste advantage,
En cette extremité consultés la raison

80 Armés vostre vertu contre sa trahison,
Ou si vostre fureur vous en doit la vengeance,
De ma mort seulement tirés cette allegeance,
Et pour vous conserver, perdés ce foible corps
Qui ne peut resister à vos moindres efforts.

HERMANTE.

[p. 6]

85 O combat! ô vengeance! indigne d'un courage
Qui veut voir une Reyne immolee à sa rage,
Tes yeux privés du jour, & ton sang répandu
Mettront ils en mes mains le sceptre qui m'est deu
Et ce bras ne doit-il qu'estre ton homicide
90 Pour rendre à mes desirs les voeux de ce perfide?
O legere vengeance! ô faux soulagement!
Suy, sans plus consulter, suy ton ressentiment,
Porte le coup mortel au sein de Parthenie,
Qu'elle n'obtienne pas ce qu'un ingrat me nie,
95 Quoy, ta rivale auroit les fruicts de ton honneur?
Il seroit son époux, & fut ton suborneur?
Et l'on diroit partout pour accroistre ta peine,
Il a jouy d'Hermante, & Parthenie est Reyne,
Hâ! c'est trop consulter, Enfers, hommes, ny Dieux
100 Ne peuvent divertir ce dessein furieux.

CLARIANE.

Madame, sans passer à ces efforts extrémes
Réclamons des Enfers les puissances suprémes,
Je cognois un vieillard, dont les secrets divers
Peuvent faire changer et perir l'Univers,
105 Il arreste d'un mot la lumiere naissante
Il rend la mer solide, & la terre mouvante,
Il brise les rochers, il applatit les monts
Et dispose à son gré du pouvoir des Demons,
Que j'aille de ce pas consulter sa science
[p. 7]
110 Et vous l'estimerés apres l'experience,
Reposés sur mes soings cet important soucy,
Et que dans un moment je vous retreuve icy.

HERMANTE.

Ma chere Clariane, obligés une amante,
Et ne la flattés point d'une inutile attente;
115 J'ay recogneu vos soings, & j'oze presumer

Qu'un naturel instinct vous oblige à m'aymer,
Signalés aujourd'huy cette vertu si forte.
D'un favorable effect la cause ne m'importe,
J'emploirois tous moyens pour toucher ses esprits,
120 Et les crimes sont beaux dont un throsne est le prix.

CLARIANE.

Si vous ne rangés tout sous vostre obeissance
Ses efforts seront vains, & l'Enfer sans puissance,
Un autre Dieu pourra, ce que ne peut l'amour,
Sa maison n'est pas loing, attendés mon retour.

HERMANTE, *seule*.

125 Puis que le Ciel m'est sourd, & se rit de ma flame
Enfers assistés moy, c'est vous que je reclame,
Toy leur Prince, & leur Dieu, vous qui les habités
Manes, ombres, Demons, noires Divinités   [p. 8]
C'est de vostre pouvoir que j'attends l'assistance,
130 Qui doit malgré le Ciel couronner ma constance,
C'est à vous seulement que je puis: mais voicy
Cet infidelle objet qui cause mon soucy.

SCENE TROISIESME.

FELISMOND, Roy d'Epire, HERMANTE, suitte de Felismond.

FELISMOND.

Que faict Hermante icy, pensive, & solitaire?

HERMANTE.

Ainsi que vostre amour, sa belle humeur s'altere.

FELISMOND.

135   Quoy, tu crois qu'un second éteigne un premier feu?

HERMANTE.

Qu'il l'allume, ou l'éteigne, il m'importe fort peu.

FELISMOND.

O Dieux! que de froideur à tes flames succede.

HERMANTE.   [p. 9]

Le mal est bien cruel, qui n'a point de remede.

FELISMOND.

Puis que cette froideur t'est un soulagement,
140   T'aymant comme je faicts, j'ayme ton changement.

HERMANTE.

Et moy dont le malheur, et l'amour fut extréme
Je hay la perfidie, et le perfide mesme.

FELISMOND.

Quoy, tu joins l'arrogance à l'infidelité?

HERMANTE.

Pourquoy la souffrés vous avec impunité?
145   N'épargnés point mes jours; ordonnés des supplices,
A ce qui fut jadis vostre ame, & vos delices,
Privés du jour ces yeux qui furent vos Soleils,

Qu'on dresse de ma mort les tristes appareils,
Que le mesme flambeau qui faict cette journee
150 Eclaire pour ma mort, & pour vostre hymenee,
J'obey sans contrainte à mon ressentiment
Le dessein de mourir faict parler librement.

FELISMOND.

L'amour que j'eus pour toy fut assés violente,
Pour me faire souffrir cette humeur arrogante,
155 On doit ce privilege à des desesperés;   [p. 10]
Tu vanges ces attraits, que j'ay tant reverés,
Mesprise cet ingrat, ce traistre, ce barbare,
Adieu, la patience est une vertu rare.
                        Il s'en va en riant.

HERMANTE.

Il joinct la raillerie à sa legereté,
160 Et cette peine est deuë à ma simplicité;
Mais si l'effect succede à l'espoir qui me flatte
Il sera l'importun & je seray l'ingratte,
Du prix d'un Diadesme, & d'un coeur tout de feu
Le traistre acheptera ce qu'il prise si peu;
165 Voicy de qui j'attends cet effect que j'espere,
Et bien?

SCENE QUATRIESME.

HERMANTE, CLARIANE.

CLARIANE.

Tout vous succede, & tout vous est prospere,
Reprimés ces fureurs, seichés ces tristes yeux,
Aujourd'huy mesme Hermante est Reyne de ces lieux,   [p. 11]
Un charme vous éleve à cet honneur extréme,
170 Et range sous vos loix l'Epire, & son Roy mesme,

Une bague enchantee aura cette vertu,
Relevés seulement ce courage abbatu,
Songés à soustenir cette gloire infinie,
Et medités des loix pour toute l'Albanie.

HERMANTE.

175 O doux, & rare effect de ton affection!
Mon sang peut il payer cette obligation?
Pour te recompenser, est-ce assés que je meure?
Quand sera-t'elle preste?

CLARIANE.

Au plus tard dans une heure.

HERMANTE.

Combien d'impatience à mon espoir se joinct,
180 Je t'attends au Palais.

CLARIANE.

Je ne tarderay point.

SCENE CINQUIESME.   [p. 12]

CLARIMOND, THERSANDRE.

CLARIMOND

Que ce ne soit orgueil, mespris, ny perfidie,
Je la perds toutefois, que veux tu que je die?
Ne me plaindray je pas? dois-je benir mon sort,

Et voir sans déplaisir l'appareil de ma mort?
185 Je luy reproche à tort le titre d'infidelle,
Un Diadesme au front faict l'inconstance belle,
Et ce poinct, cher Thersandre, augmente mon malheur
De sentir, & n'ozer tesmoigner ma douleur:
Le temps modere tout, mais perdre Parthenie
190 Le desir, & l'espoir de toute l'Albanie,
Et que les dignités emportent sur l'amour
Cet objet le plus beau qui respire le jour,
C'est là que la constance excede le courage,
Ce sensible accident est un sujet de rage.

THERSANDRE.

[p. 13]

195 Mais vos efforts sont vains contre sa Majesté,
Et vous devés ceder à la necessité.

CLARIMOND.

Si je pouvois au moins luy reprocher ma peine
Et la nommer ingrate, insensible, inhumaine,
J'aurois en mon malheur quelque soulagement,
200 Mais je souffre, et ne puis me plaindre justement,
Elle quitte l'amour, pour suivre la fortune,
L'un luy seroit plus doux, mais l'autre est moins commune,
Où brille son éclat, ce Dieu n'est plus cogneu
La fortune est paree, et l'amour va tout nu.

THERSANDRE.

205 Ces extrémes regrets, cette plainte assiduë
Tesmoignent un grand droict de l'avoir pretenduë,
Receut elle jadis vostre inclination,
Et fut elle sensible à vostre affection?

CLARIMOND.

Autant qu'à ce doux air que porte la lumiere
210 Sont sensibles les fleurs de la saison premiere,
Jamais telle union n'engagea deux esprits
Nous estions l'un de l'autre, & l'object, & le prix,
Elle baisoit ses fers, je vantois mon servage
Et nostre affection croissoit comme nostre aage,

215 De tout obstacle enfin nos feux estoient vainqueurs
L'amour alloit unir nos corps, comme nos coeurs,
Lors que cette beauté si rare, & si charmante
Fist briller à la Cour sa lumiere naissante,
Là cet aveugle enfant, qui luy donna ma foy,
220 Du traict qu'il m'a tiré blessa le coeur du Roy,
Là ces foudres d'amour qui n'épargnent personne
Mirent la servitude avec une couronne,
Elle vint chés le Roy, le vid, et le vainquit,
Et mon espoir mourut quand son desir nasquit;
225 On celebre aujourd'huy ce fatal hymenee,
Telle est de mon amour la triste destinee.

[p. 14]

THERSANDRE.

Si vous fustes unis d'un accord si parfaict
Le temps à vos desirs produira quelque effect,
Que voit on que l'hymen ne permette de faire
230 Si l'inclination n'établit ce mystere?
Vous possedés son coeur, quand il pare son front
Elle épouse le Roy, mais ayme Clarimond.

CLARIMOND.

Je ne conceus jamais ces erreurs insensees,
La mesme honnesteté gouverne ses pensees,
235 Avec ce jour fatal mon espoir doit finir,
Et la mort seulement nous pourra reünir,
Assiste toutefois à la ceremonie,
Observe exactement les yeux de Parthenie,
Voy si quelque regard, quelque souspir secret
240 Ne tesmoignera point encor quelque regret,
Et quelque souvenir de sa premiere flame.

[p. 15]

THERSANDRE.

Adieu, je sonderay, jusqu'au fond de son ame.

ACTE II.

SCENE PREMIERE.

FELISMOND, PARTHENIE, CLEANOR, LE DUC, EVANDRE, LE GRAND PRESTRE,

suitte d'Officiers, & de parens, THERSANDRE,

Le Temple s'ouvre, & tout le monde est à l'autel.

LE GRAND PRESTRE, *à genoux.*

Toy, dont toute l'Epire attendoit ce beau jour
Protecteur immortel de cet heureux sejour,
245 Sainct Demon de ces lieux, où toute chose abonde
Et que l'on peut nommer les delices du monde,

De ces globes d'azur, dont tu regis le cours
Entend nos voeux communs, & répands ton secours,
Et toy dont le pouvoir preside à ce mystere
250 Sacré fils de Venus puissant Dieu de Cythere,
Choisi tes plus beaux traicts, détache ton bandeau
Et d'un feu pur & sainct allume ton flambeau,
Signale ton pouvoir par cette illustre marque
Que ta main sous tes loix asservit un Monarque,
255 Craint & chery des siens, tousjours victorieux
Et de tous le plus grand, & le plus glorieux,
Que sa chaste moitié par luy peuple l'Epire
De Rois sous qui dans peu tout l'Univers respire,
Serre d'un noeud si fort leurs pudiques amours
260 Que jamais accident n'en termine le cours.

LE PERE de Parthenie.

Que les Dieux, & les destinees
Les preservent de tous malheurs
Et dessus un siecle d'annees,
A plaines mains versent des fleurs.

LE DUC, Oncle de Parthenie.

265 Qu'à jamais de cet hymenee
L'Epire benisse les loix

Et que leur couche fortunee
Soit la source de mille Rois.

FELISMOND, Roy d'Epire.   [p. 18]

270   Que les Dieux par cette alliance
Se donnent des adorateurs,
Qui fassent craindre leur puissance
Et monstrer qu'ils en sont autheurs.

PARTHENIE, Reyne d'Epire.

Que la fortune soit sans roüe
Parmy tant de prosperités
275   Et qu'aucun malheur ne denoüe,
Le noeud qui joinct nos libertés.

LE GRAND PRESTRE, *se levant & prenant le Roy, & la Reyne.*

Sire, promettés-vous de rendre à cette belle
Sous ce joug chaste & sainct une ardeur mutuelle,
Que tousjours vos desirs répondront à ses voeux
280   Que vos flames croistront à l'envy de ses feux,
Et que ce Dieu, par qui vos ames sont blessees
Comme je joins vos mains, unira vos pensees.

FELISMOND.

Que je meure au moment que cet objet vainqueur
Ne me sera pas cher à l'égal de mon coeur,
285   Et que hors de ces bras toutes autres delices
Ne seront pas pour moy, des fers, & des supplices.

LE GRAND PRESTRE, *à la Reyne.*

Et vous en qui le Ciel a si prodiguement
Mis tout ce qu'on peut voir de rare, & de charmant,   [p. 19]
Ne promettés vous pas à la foy qu'il vous donne
290   De partager ses soings, ainsi que sa Couronne,
Et de le reverer sur tous ceux de ces lieux
Comme le seul objet agreable à vos yeux?

PARTHENIE.

Ouy.

LE GRAND PRESTRE.

Par le sainct pouvoir d'amour, & d'Hymenee
J'unis vos jours, vos corps, & vostre destinee,
295   Que ce noeud chasque jour devienne plus étroict,
Que contre vos plaisirs, le feu perde son droict,
Qu'ils ne cessent jamais, qu'ils donnent à l'Epire
De neuf mois, en neuf mois les fruicts qu'elle desire,
Et que la terre un jour voye de toutes parts
300   Trembler ses habitans dessous ces jeunes Mars.

Les trompettes sonnent, & on se dispose à s'en aller.

SCENE DEUXIESME.   [p. 20]

HERMANTE, FELISMOND [etc.].

FELISMOND, *regardant Hermante, qui entre grave, regardant*

sa bague enchantee qu'elle a au doigt, dit tout bas.

Où s'est imprudemment ma liberté rangee
Sous quelle étroicte loy s'est mon ame engagee?
Hermante esperoit mieux, et sa fidelité
Faict un juste reproche à ma facilité,
305   Qu'elle esblouyt les yeux d'une douce lumiere!
Tel le Soleil éclatte en la saison premiere,
Et telle se faict voir la beauté de sa soeur
Alors qu'elle a dessein de plaire à son chasseur.

18

310 Sa veuë à mes regards fixement attachee
Prouve assés clairement que son ame est touchee.

FELISMOND.

Inutile regret, pourquoy viens-tu si tard?

LE DUC. [p. 21]

Sire, la compagnie attend vostre depart.

FELISMOND.

Allons.

Il va parler à l'oreille d'Hermante.

Confus, saisy, la parolle interdite
J'implore ta pitié, j'ay trahy ton merite,
315 Pardonne belle Hermante à mon ressentiment
Cette ingratte action de mon aveuglement,
Un juste repentir à mon oubly succede
Mais il n'est point de mal qui n'ait quelque remede.

HERMANTE.

La mort sera le mien.

FELISMOND.

Espere mieux, adieu.
320 Qu'un importun respect me tire de ce lieu.

THERSANDRE.

O Dieux! quel changement!

LE PERE, *au Duc.*

Que dessus son visage
Cette alteration m'est un triste presage.

LE DUC.

N'esperés toutesfois qu'un salutaire effect
Puis que cette alliance est un choix qu'il a faict.

Tous s'en vont les trompettes sonnantes.   [p. 22]

HERMANTE, *seule, monstrant la bague.*

325   Voicy l'arme qui rompt une chaisne si forte.
      Enfers, dessus les Cieux, vostre pouvoir l'emporte.
      Superbes habitants de ces champs azurés
      Qui par nostre ignorance estiés seuls reverés,
      Cedés à d'autres Dieux cet orgueilleux Empire
330   Les Enfers desormais vont gouverner l'Epire,
      De leur seule vertu soyons recognoissants
      Et qu'au lieu de monter descendent nos encens!

SCENE TROISIESME

THERSANDRE, CLARIMOND.

CLARIMOND.

O Dieux! que me dis-tu?

THERSANDRE.

Jugés si l'assemblee
Par cet étonnement doit pas estre troublee,
335 Tous estoient interdits chacun estoit confus
Et surpris, & sur tous si jamais je le fus,
La Reyne parmy nous seule égale à soy-mesme
Feignoit de ne pas voir ce changement extréme,   [p. 23]
Tous en font jugement, mais assés inégal
340 Et chacun toutefois en prejuge du mal,
Pour moy qui fus ravy de voir cette inconstance
Pour venir vous treuver j'ay quitté l'assistance,
Et je pense vous faire un assés doux rapport
Sçachant que cet hymen vous afflige si fort.

CLARIMOND.

345 En quoy m'importe helas, leur amour, ny leur hayne
Si pour la posseder toute entreprise est vaine,
Je cognoy Parthenie, & sçay que sa vertu
Ne se peut esbranler quelque effort qu'elle ait eu,
Elle suivra les loix où son devoir l'engage
350 Elle aymera ce Prince, ou constant, ou volage,
Son honneur est trop pur, & pour me resister
Elle n'a seulement qu'un enfant à dompter.

THERSANDRE.

On mesprise aujourd'huy cette fausse victoire
Qui pour tant de travail nous vaut si peu de gloire,
355 Et la possession du veritable honneur
Ce n'est pas où la femme establit son bon-heur,
Elle veut sembler chaste, & n'ayme pas de l'estre
C'est assés de bien feindre, & de la bien paroistre,
Ce titre avec l'effect luy seroit importun   [p. 24]
360 Seule elle en a le nom, mais le vice est commun.

CLARIMOND.

Tenter ce vain remede à ma melancholie
C'est inutilement mettre Osse sur Pelie,
Mais puis que je me sents blessé de traicts si forts

Que toute autre allegeance excede mes efforts,
365 Et puis qu'il faut mourir, qu'au moins ma mort soit belle,
Pour la ressentir moins, qu'elle me vienne d'elle,
M'ayant osté le coeur avec les traits d'amour
Qu'avec ceux de la mort, elle m'oste le jour,
Livrons à son honneur une atteinte secrette
370 Le danger du combat excuse la deffaicte,
Typhee, en son orgueil rencontra son tombeau
Et son crime fut grand, mais son renom est beau.

THERSANDRE.

Le respect en amour est une vertu lâche
Ce Dieu donne à qui s'offre, & rit de qui se cache,
375 La crainte ne produit que de honteux mespris
Et les temerités quelquesfois ont des prix.

CLARIMOND.

Ecoute, Clariane, une vieille, en qui l'aage
Des mysteres d'amour a mis un long usage,
Et qui m'ayma tousjours me peut en ce besoing   [p. 15]
380 Tesmoigner son addresse, & fournir de son soing,
Car de telle entreprise un homme est incapable
Et ce sexe à soy-mesme est bien plus redoutable,
Il se donne un accés, & plus libre, et plus prompt,
Et l'une l'autre enfin, la femme se corrompt,
385 Mais sur tout quand de l'or l'agreable lumiere
Fera de ce dessein l'ouverture premiere.
Quel effect n'aura point sur les debiles yeux
De ce corps tout usé ce metail precieux?
Cherchons la de ce pas.

THERSANDRE.

                    Je cognois cette femme
390 Elle peut bien sans doute obliger vostre flame,
C'est un esprit expert, rusé, subtil, adroict,
Et qui sur un plus jeune aura beaucoup de droict,
Et puis l'or enhardit l'ame la plus timide,
L'avarice est d'amour une mauvaise guide.

SCENE QUATRIESME.

FELISMOND, EVANDRE.

FELISMOND.

395   Toy qui sous le respect de tes divines lois
     Ranges également les peuples et les Rois,
     O Ciel étend sur moy ton bras épouventable!
     Que tarde ton courroux puny ce detestable,
     Quel plus lâche infracteur te peut-il immoler?
400   Je n'embrasse tes loix que pour les violer,
     Ce profane mortel de ton pouvoir se joüe,
     Il te demande un noeud qu'aussi-tost il dénoüe,
     Il porte dans ton temple un coeur devotieux
     Et l'emporte en sortant rebelle, & vitieux.

EVANDRE.

405   Sire, quel changement, quelle douleur vous presse
     En une si commune & si juste allegresse?
     Tous vos peuples ravis sautent avecques voeux,
     L'Epire n'est qu'un feu, formé de mille feux,
     En cet heureux hymen tout nostre bien consiste
410   Et de tous ces plaisirs la seule cause est triste,
     Chacun vous applaudit, tous par vous sont contents,
     Et la melancholie est vostre passe-temps.

FELISMOND.

     Que les Astres cruels qui font mon advanture
     Ne m'ont au lieu d'un lict ouvert la sepulture?
415   Tyran des libertés, hymen, que ton flambeau
     Ne m'a-t'il éclairé de l'autel au tombeau?
     O servage fatal! ô nopce infortunee!
     O cent fois malheureuse et maudite journee!

EVANDRE.

Sire, vous blasphemés contre un lien sacré
420 Que les plus vitieux ont tousjours reveré,
Certaines deïtés simples, & moins austeres
Laissent imprudemment profaner leurs mysteres,
Venus s'acquiert du droict sur beaucoup de mortels
Mais on peut sans danger démolir ses autels,
425 Le Dieu de la clarté, Mars, Junon, ny Mercure,
N'exigent point de nous une candeur si pure,
Mais, Sire, quand Hymen possede nostre foy
Il veut qu'exactement on revere sa loy,
Et les crimes qu'on faict contre ce qu'il ordonne
430 Sont suivis de malheurs qui n'épargnent personne,
La Reyne a pour vos yeux eu des charmes si doux,
Et ces nopces ont faict tant de Princes jaloux,
Mesprisés vous si tost un bien si delectable,
Et ne trouvés vous plus vostre choix équitable?

[p. 28]

FELISMOND.

435 Je sçay que Parthenie a des attraits charmants,
Je ne veux rien oster à ses doux ornements,
Je cognois ses vertus, elle est sage, elle est belle,
Et le Ciel sçait aussi quels respects j'ay pour elle,
Mais pour mes yeux Hermante a des charmes secrets
440 Qui font mourir ma joye, et naistre mes regrets,
Je cognoy leur naissance, & leur vie inégale,
J'abhorre comme toy ma passion brutale,
Mais un trop fort instinct me bastit ma prison,
Et mon ame charmee est sourde à la raison.
445 Hermante beau sujet de l'ennuy qui me touche,
Qu'une importune loy te dérobe à ma couche,
Quoy, ta fidelité ne me pouvoit toucher
Et je me suis privé d'un bien qui m'est si cher?

EVANDRE.

Quoy, Sire une faveur qui vous fut si commune
450 N'a pas éteint encor cette flame importune,
Et laisse si long temps vostre inclination
A ce lascif objet de vostre passion?

FELISMOND.

Hâ! c'est trop, cher Evandre, outrager son merite.
De cette verité mon oreille s'irrite,   [p. 29]
455   Estime son humeur, parle de ses appas,
Et ne m'entretien point de ce qu'elle n'a pas,
J'ayme ce qui me plaist & mes lascives flames
Ne cherchent la vertu, ny l'honneur dans les Dames.
J'ayme au temple leur crainte, et leur honnesteté,
460   Au lict leur belle humeur, et leur facilité,
Hermante, cet object pour qui mon coeur souspire
Ayant ces qualités a ce que je desire.
Où brille loing de moy cet Astre de ces lieux
Quels antres, quels enfers la cachent à mes yeux?

EVANDRE.

465   Repoussés constamment ces premieres atteintes
Qui vous feroient l'object de nos communes plaintes,
Sire, n'attirés pas sur vostre Majesté
La cholere d'un Dieu justement irrité,
Contre ce rude assaut armés vostre courage,
470   Un long calme suivra ce prompt, & court orage.

FELISMOND.

C'est trop timide Roy combattre tes plaisirs
Suy triste Felismond, suy tes jeunes desirs,
Tes amys, tes sujets, les Dieux, ny Parthenie,
Ne modereront pas ton ardeur infinie,
475   Foule aux pieds tout respect, suy ce fatal aymant,   [p. 30]
Et pery, s'il le faut en ton aveuglement.

EVANDRE.

Sire ...

FELISMOND.

Toute raison m'est importune & vaine,
Dans le dessein que j'ay de soulager ma peine,
Si mon repos t'est cher ...

EVANDRE.

Helas! plus que le jour.

FELISMOND.

480 Au lieu de m'accuser, oblige mon amour,
Cherche cette beauté dont toute ame est ravie,
Accourcy mon attente & prolonge ma vie.
Doux charme de mes sens quel endroict écarté
Cache à mes tristes yeux ta divine clarté?
485 L'envie enragera des biens que je t'appreste,
Et de voir que mon coeur soit deux fois ta conqueste,
Mais de tous ces assauts mes voeux triompheront,
Mes bras parmy les tiens encor se mesleront,
Nous serons indulgens à nos jeunes caprices,
490 Et la mort seulement finira nos delices.
O doux ravissement! ce jeune Astre d'amour
A mes tristes regards a ramené le jour.
Charme de mes desirs, belle, & naissante Aurore   [p. 31]
Crains-tu de m'éclairer, & fuys tu qui t'adore,
495 En quels lieux mon soucy peux tu dresser tes pas
Où tu treuves un Roy, captif de tes appas?

SCENE CINQUIESME.

FELISMOND, HERMANTE, EVANDRE.

HERMANTE, *dedaigneuse.*

Où vous transporte, ô Dieux! vostre ardeur vehemente?
Vous cherchés Parthenie, et je ne suis qu'Hermante.

FELISMOND.

500 C'est cette Hermante aussi que je cherche de voir,
L'autre a sur mes desirs un debile pouvoir.

HERMANTE.

Que vous proffiteroit cette inutile peine?
Et que dois-je pretendre aux despens de la Reyne?

FELISMOND.

Mes sujets seulement relevent de sa loy
Mais, Hermante est ma Reyne, & captive leur Roy.   [p. 32]

HERMANTE.

505 Je prefere l'éclat de cent moindre couronne
Au titre specieux que vostre amour me donne,
Du bandeau que je veux mon front n'est point couvert,
Avecques vostre amour ma dignité se perd,
Je suis Reyne en l'ardeur dont vostre ame est atteinte
510 Et je deviens sujette alors qu'elle est éteinte,
Vous refusant j'acquiers, je perds en vous donnant,
Et vous me r'abbaissés presque en me couronnant,
Par le premier baiser, dont je vous favorise
Vostre feu s'alentit, & mon sceptre se brise.

FELISMOND.

515 Cruelle!

HERMANTE.

Une heure a bien relevé mon destin
Tantost j'estois Hermante, & je suis Reyne enfin:
Pour conserver ce rang, souffrés que je vous nie
Ce qui demain rendroit ma dignité bannie,
Adieu, la Reyne attend ce que vous luy devés
520 Ses yeux de vos regards sont trop long-temps privés.

FELISMOND.

Quoy, ny mon repentir, ny mes voeux, ny ma peine ...
Mais Dieux! comme elle fuit, suivons cette inhumaine.   [p. 33]

Il court apres.

EVANDRE.

  O honteuse fureur! ô fatal accident!
  O presage certain d'un malheur evident!
525 Que ce brutal amour, ce tyran redoutable
  Est dans les coeurs des Rois un monstre détestable,
  Et combien de malheurs menacent cette Cour
  Où ce grand changement n'est l'effect que d'un jour.

ACTE III. [p. 34]

SCENE PREMIERE.

FELISMOND, HERMANTE.

FELISMOND, *suivant Hermante.*

530 Orgueilleuse beauté puisque tant de prieres
Ne peuvent t'obliger à finir mes miseres,
Que je perds à te suivre, & mes pas, & mon temps,
Et qu'ainsi que mes maux, tes mespris sont constants,
Que tardent contre moy les effects de ta hayne?
Sois moy plus rigoureuse, ou sois moy plus humaine,
535 Que la mort soit le prix de ma ferme amitié,
Sois pour moy sans respect ainsi que sans pitié. [p. 35]

HERMANTE.

Tels sont des amoureux les discours ordinaires,
Ils reclament toujours ces morts imaginaires,
Mais tel qui nous paroist la souhaitter le plus
540 Ne la demande point qu'asseuré du refus,
Moy, que j'executasse un projet si barbare!
Que j'ostasse à l'Epire un Monarque si rare!
Que mille fois la mort previenne ce dessein
S'il doit estre cruel dans ce coupable sein.

FELISMOND.

545 Prononce seulement cet arrest favorable,
Mon bras l'accomplira contre ce miserable.

HERMANTE.

Quoy que vostre grandeur vous fasse presumer,
Le diray-je en un mot? je ne vous puis aymer,
Et je ne puis songer, sans un regret extréme,
550 D'avoir abandonné mon honneur, & moy-mesme,
J'ay rompu tous les traicts dont mon coeur fut touché

Un tardif repentir vaut mieux qu'un long peché.

FELISMOND.

Hâ c'est trop, inhumaine, irriter ma constance,
Un pouvoir absolu vaincra ta resistance,
555 Tu dois à mon amour les plaisirs que je veux,
Et qui manque une fois, s'oblige à faillir deux,   [p. 36]
Ce repentir est vain, où ton mespris se fonde,
La premiere faveur engage à la seconde;
Mais par un seul regard reprime ces transports,
560 Et ne m'oblige point aux extrémes efforts.

HERMANTE.

Contre un ferme dessein toute puissance est vaine
Et de l'indifference elle produit la hayne,
Quelque effort violent qui nous puisse assaillir
Pouvant souffrir la mort on peut ne point faillir.

FELISMOND.

565 Hâ! triste Felismond, relasche ton courage
A tous les mouvements, & de hayne, & de rage,
Et que ton amour cede à ton authorité
Le droict de s'employer contre sa cruauté,
Ne laisse pas le jour aux ingrats qui t'en privent,
570 Et fay charger de fers les mains qui te captivent,
Que l'horreur d'un cachot, épouvantable, affreux
Te vange du mespris qu'elle faict de tes voeux,
Fay de ce mesme pas accomplir ton envie,
Et ne revoy jamais ces tyrans de ta vie.

HERMANTE.

575 Sire, avant que d'entrer en ce funeste lieu
Qu'un baiser nous separe, & signe nostre adieu,

Elle va le baiser.   [p. 37]

Quoy, vous tenés encor mon ardeur incertaine

Et sonder vostre amour, c'est gaigner vostre hayne?
Ouvrés, ouvrés ce sein, ce coup me sera doux
580 Voyés y de quel feu mon coeur brusle pour vous,
Et si vous n'estes pas satisfaict de ses peines
Augmentés mes tourmens, & redoublés mes chaisnes.

FELISMOND.

Reyne de mes desirs doux charme de mes sens
Quel plaisir est égal au transport que je sents?
585 Quels pleurs, & quels souspirs sont dignes de ta grace
Et pour la meriter que veux tu que je face? *Il la baise.*

O d'un triste combat, heureux evenement!
Où chacun de nous perd, & gaigne également,
Tels ne furent jamais les baisers de l'Aurore
590 Treuvant son favory sur le rivage More,
Ny tels ceux de Venus, embrassant ce chasseur
Qui nasquit d'un inceste, & fut fils de sa soeur.
Hermante, par quel sort, resistant à tes charmes
A de nouveaux vainqueurs ay-je rendu les armes?
595 Que ce fatal hymen soit maudit mille fois,
J'en abhorre le joug, j'en deteste les loix.
Toute religion, & toute crainte est vaine
Toy seule es mon épouse, & toy seule es ma Reyne.   [p. 38]

HERMANTE.

Si j'ay tant de pouvoir sur vostre Majesté
600 Que ne puis-je obtenir par son authorité,
Pouvés-vous pas briser quelque noeud qui vous serre?
Ce qu'au Ciel sont les Dieux, les Rois le sont en terre,
Et c'est ternir l'éclat de vostre dignité
Que de souffrir qu'elle ait un pouvoir limité.

FELISMOND.

605 Il n'est rien que j'épargne, et rien que je te nie,
Mais comment arracher le sceptre à Parthenie,
Et la priver des droicts dont une aveugle amour
Me la fist honnorer?

HERMANTE.

En la privant du jour,
Tout est vostre, & l'object de vostre moindre envie
610 Peut s'achepter du prix de la plus belle vie.

FELISMOND.

Cet advis est cruel.

HERMANTE.

L'effect en sera doux.
Puis-je voir sans regret qu'une autre soit à vous,   [p. 39]
Vous tesmoigner le jour une ardeur sans égale
Et vous croire la nuict au sein d'une rivale?
615 Lors qu'à ces laschetés un esprit se resout
Il ayme froidement, ou n'ayme point du tout.

FELISMOND.

Pour rendre à ton amour un parfaict tesmoignage
Et pour franchir la loy d'un ennuyeux servage,
Je sousmets tout respect à tes moindres advis,
620 Et veux qu'aveuglement tes desseins soient suivis,
J'immole Parthenie à l'ardeur qui m'enflamme,
Tu possederas seule & mon corps, & mon ame:
Mais pour executer ce dessein promptement
Qui pourray-je charger de ce commandement?
625 Evandre m'est fidelle, & peut par sa prudence
S'acquitter dignement de cette confidence;
Cet adroict confident la conduira par eau
Sur le soir un peu tard, en un proche chasteau,
Et là subtilement, dans le sein de Neptune
630 Fera precipiter cette femme importune,
Il feindra de la plaindre et de retour au port
Au malheur d'une cheute imputera sa mort,
Apres tout est facile.

HERMANTE.

O dessein salutaire!

[p. 40]

Sire, sans consulter, pressés donc cette affaire,
635 Je vous vais cependant preparer des plaisirs
Que vous confesserés égaux à vos desirs.

FELISMOND.

Que ma bouche en partant se paye d'une debte.

HERMANTE.

De mille, s'il le faut, est elle satisfaicte?

FELISMOND.

Je croy faire les Dieux, & les hommes jaloux,
640 Et tes derniers baisers sont tousjours les plus doux.

SCENE DEUXIESME.

EVANDRE, PARTHENIE.

EVANDRE.

On le plaint comme vous, & sans un charme étrange
Jamais si promptement un esprit ne se change;
Ainsi que son esprit, son corps est alteré,
Ses gestes sont confus, son oeil est égaré,
645 Il pleure, et la poursuit avecque tant d'instance
Que vous le plaindrés mesme alors qu'il vous offence, [p. 41]
Il accuse le Ciel, & tous respects bannis
Deteste le lien dont vous estes unis.

PARTHENIE.

650 L'amour ne dure pas estant si violente,
J'obtiendray quelque jour ce que possede Hermante,
Laissons un libre cours à ses jeunes desirs,
Et fermons pour un temps les yeux à ses plaisirs.
Un jour les Dieux touchés de mon amour extréme
Pour me le rendre enfin le rendront à soy-mesme,
655 Et je tiens pour effect de ton affection
Que tes soings contre moy servent sa passion.

EVANDRE.

Hâ! commandés plustost, que de cette sorciere
Cette main à vos yeux soit la juste meurtriere,
Coupons racine aux maux dont ces salles amours,
660 Troublent vostre repos & menacent vos jours.
L'honneur, & les respects deubs à la loy divine
Et le bien de l'état dépend de sa ruine,
Ostons luy ce qu'un jour elle vous peut ravir
C'est obliger le Roy que de le deservir.

PARTHENIE.

665 Evandre, que ma mort previenne la pensee
D'irriter cette ardeur dont son ame est blessee;
Un si pressant instinct me porte à le cherir, [p. 42]
Que si je luy déplais, il m'est doux de mourir,
Ma flame est sans égale, et jamais la Nature
670 N'a produit une ardeur si forte, ny si pure.
Que son coeur inconstant brusle de feux nouveaux
Il ne me peut déplaire, & ses crimes sont beaux,
Je presterois mes soings à l'ardeur qui le presse,
Je voudrois en son sein avoir mis sa maistresse,
675 J'ayme cette beauté, parce qu'elle luy plaist
Et prefere son bien à mon propre interest.

EVANDRE.

Quelle ame de rocher, quel esprit si barbare
Verroit sans s'amolir une amitié si rare?
Madame esperés tout, & du Ciel, & du temps.
680 Les charmes cesseront, vos voeux seront contents,
Et nous verrons le Roy vous rendre avec usure

34

Les fruicts d'une amitié si constante, & si pure,
Cet infame lien dont il est arresté
Dans peu: mais taisons nous, voicy sa Majesté.

SCENE TROISIESME.

FELISMOND, EVANDRE, PARTHENIE, suitte du Roy.

FELISMOND, *regardant la Reyne froidement entre, & dit.*

685   Evandre, écoute un mot.
          Ils se retirent dans un cabinet.

PARTHENIE, *seule.*

               Sacrés juges des ames,
Maistres de l'Univers, saincts autheurs de mes flames,
C'est de vous que j'attends la faveur que je veux,
De vous dépend mon bien, et le fruict de mes voeux,
Souffrés sa passion, avoüés ses delices,
690 Et que seule pour luy j'en porte les supplices,
Puis que mon amitié consent à son forfaict,
Elle doit reparer l'injure qu'il me faict,
Répandés sur mes jours l'effect de vos menaces
Que je sois seule en butte à toutes vos disgraces,
695 Ses yeux sont esblouys, son coeur est enchanté
Et son aveuglement faict sa desloyauté,
Laissés un libre cours à son jeune caprice,
Que selon son desir son dessein reüssisse,
Que tout luy soit permis, ainsi tous les mortels
700 D'un respect eternel reverent vos autels.

SCENE QUATRIESME.

EVANDRE, PARTHENIE.

EVANDRE.

Vangeur des innocens, Ciel ennemy des crimes
Suy ton juste courroux; terre ouvre tes abysmes.
O lâche perfidie! ô dure cruauté!

PARTHENIE.

Quelle offence joinct il à l'infidelité?

EVANDRE.

705 O trahison extréme! ô dessein detestable!
Qu'Amour est en un coeur un tyran redoutable!
Bannissés tout respect, et souffrés qu'à ses yeux
Ma main aille étouffer cette horreur de ces lieux.   [p. 45]

PARTHENIE.

Que vous ordonne-t'il?

EVANDRE.

Helas! le puis-je dire?

PARTHENIE.

710 Je me suis disposee à tout ce qu'il desire,
Déplais-je à ses regards, faut-il perdre le jour?
C'est un leger effect d'une si forte amour,
Tout ce qu'il veut m'oblige, & je mourray contente

Si par ma mort, l'effect succede à son attente,
715 Et si de mon trépas, dépend sa guerison.
M'ordonne-t'il le fer, la flamme, ou le poison?

EVANDRE.

Il veut que sur le soir, en un vaisseau conduitte
Vers un proche chasteau: puis-je achever la suitte?
L'eau qui vous portera, ce perfide Element ...

PARTHENIE.

720 Et bien, soit mon tombeau?

EVANDRE.

Soit vostre monument.
O lâche trahison! ô perfidie extréme!
Que tarde juste Ciel ta puissance suprême?
Ton foudre peut rester inutile en ta main?   [p. 46]
Et tu ne punis pas ce barbare dessein?

PARTHENIE.

725 Ne deliberons point, ma mort est équitable
Et si je luy déplais, je suis assés coupable,
Je quitteray le jour, sans peine, & sans ennuy
Et la mort me plaira, puis qu'elle vient de luy.
Evandre oste un obstacle à sa bonne fortune,
730 J'ay desja trop vescu, puis que je l'importune,
Ce que hait un Monarque est digne de perir,
Et déplaire à son Roy, c'est plus que de mourir.

EVANDRE.

Que le Ciel pour mon chef tous ses foudres prepare
Avant que j'execute un dessein si barbare!
735 Coupable de ce crime, où verrois-je le jour?
Plûst au Ciel que ma mort satisfist son amour,
Que bien-tost cette main épuiseroit mes veines
Et qu'il me seroit cher de divertir ses peines!

740 En quels lieux écartés de ce fatal sejour
Passerés vous du temps en l'espoir du retour?
Un lieu qui m'appartient dont l'issuë est secrette
Fort, assés détourné, vous offre une retraicte,
C'est là qu'il faut attendre un heureux changement
De la force du temps, & de son jugement.
745 Vostre mort cependant qu'on croira dans l'Epire ...   [p. 47]

PARTHENIE.

Qu'elle soit vraye helas! c'est ce que je desire,
Ny frayeur, ny danger, ne changera ce front
Je puis avec courage obliger Felismond,
Allons au sein de l'eau prendre ce qu'il m'ordonne
750 Ce tombeau me plaira, c'est luy qui me le donne,
Partons, dois-tu cruel differer un moment
Cette execution de son commandement?

EVANDRE.

Non, non, ayant conceu cet acte detestable
Que de l'effect au moins, il ne soit point coupable,
755 Et ne le soüillés pas de ce crime odieux
Qui le feroit haïr des hommes, & des Dieux,
Consentès seulement à prendre cet azyle
Qui rendroit au besoing sa poursuite inutile
Je vais faire, attendant l'honneur de vous revoir
760 Preparer un vaisseau, pour partir sur le soir.

SCENE CINQUIESME.   [p. 48]

CLARIMOND, THERSANDRE.

CLARIMOND.

Je sçay que nous tentons une entreprise vaine
Et que mon desespoir naistra de nostre peine,
Mais tous effects sont beaux d'un dessein glorieux

C'est tomber noblement que de tomber des Cieux,
765 De ce jeune arrogant la cheute fut celebre
Qui du char du Soleil fist sa pompe funebre,
Et conduisant le jour, qu'il ne pût gouverner
Il perdit glorieux ce qu'il ne pût donner.

THERSANDRE.

Le temps fera pour vous, qu'a promis Clariane?

CLARIMOND.

770 De sonder avec art ceste chaste Diane,
Elle m'a faict sçavoir un changement soudain.

THERSANDRE.

Quel?

CLARIMOND.

La froideur du Roy, son mespris, son dédain,
Avec quelle puissance Hermante le possede,   [p. 49]
Et c'est d'où j'ay conceu quelque espoir de remede.

THERSANDRE.

775 La femme de nature ayme de se vanger;
Où ce ressentiment ne la peut-il ranger?

SCENE SIXIESME.

CLARIANE, THERSANDRE, CLARIMOND.

CLARIANE, *les surprend.*

    Je vous viens annoncer une heureuse nouvelle
Mais icy, Clarimond, il faut estre fidelle,
Il faut qu'elle vous soit plus chere que le jour,
780 Et que vostre courage égale vostre amour.

CLARIMOND.

    Ma chere Clariane, helas! par quels services
Paroistray-je sensible à tant de bons offices,
Que puis-je en ta faveur?

CLARIANE.

            Ecoutés seulement
Et pour une autre fois gardés ce compliment.   [p. 50]
785 La Reyne ...

CLARIMOND.

    Achevés donc.

CLARIANE, *Elle regarde autour de soy.*

            Doit aller dans une heure
En un chasteau d'Evandre établir sa demeure,
Hermante qui la hayt, et souhaitte sa mort
Dessus l'esprit du Prince a faict un tel effort,
Que pour la contenter, cruauté sans seconde
790 Il destinoit sa vie à la fureur de l'onde,
Evandre estoit chargé de l'y precipiter,
Mais il est moins cruel que de l'executer,

```
        Il emmeine la Reyne, & luy donne un azyle
        En un de ses chasteaux assés loing de la ville,
795     J'en apprendray le nom, que vous pourrés sçavoir
        Avant nostre départ, si je puis vous revoir,
        Quand elle habitera cette maison deserte
        Evandre de retour fera croire sa perte,
        Abusera la Cour, & déplorant son sort
800     A quelque faux naufrage imputera sa mort,
        Vous prendrés cependant la saison opportune
        Que vous presentera vostre bonne fortune.
        Mais il faut egaler le courage à l'amour.
        Introduit par mes soings sur le declin du jour,
805     Assisté de Thersandre enlevés Parthenie,          [p. 51]
        Vous la possederés toute crainte bannie,
        Car on la croira morte, & sans trop de danger
        Cet objet de vos voeux ne se pourra vanger,
        De pretendre autrement le fruict de vostre peine
810     Je cognois sa vertu, cette entreprise est vaine,
        Mais je tarde long-temps, retirés vous, adieu,
        Et dans une heure au plus treuvés vous en ce lieu.
                                    Elle s'en va.
```

CLARIMOND.

```
        Quel bon-heur est le mien? ô conseil favorable
        Qui me vient toutefois du malheur déplorable.
```

THERSANDRE.

```
815     L'occasion est belle.
```

CLARIMOND.

```
                                Avant qu'il soit plus tard
        Allons nous preparer à ce proche départ.
```

ACTE IV. [p. 52]

SCENE PREMIERE.

HERMANTE, *seule.*

Enfin ce vieil enfant, cet archer redoutable,
Ce Dieu, qui pretendoit un Empire équitable,
Sur tous les autres Dieux,
820 Sent une fois au moins qu'un autre le surmonte
Il demeure confus & pour cacher sa honte
A besoing du bandeau qui luy couvre les yeux.

Il attaque son oncle en ses demeures sombres
Et dessous le pouvoir de la Reyne des ombres,
825 Il oza l'asservir,
Mais sa confusion repare cette injure
Et ce vieillard enfin se vange avec usure, [p. 53]
De sa peine, & des pas qu'il fist pour la ravir.

Il l'arreste captif dans le coeur d'un perfide
830 D'insolent qu'il estoit, c'est un enfant timide,
Les flammes, et les fers,
Dont à son gré jadis il captivoit les ames
Sont d'inutiles fers, & d'inutiles flammes,
Ou s'il s'en veut servir c'est au gré des Enfers.

835 A sa honte je dois la grandeur qui m'arrive,
Cet absolu pouvoir dont l'enfer le captive,
Faict d'un Roy mon amant.
Je n'épargne hommes, Dieux, mon honneur, ny moy-mesme
Mais de quelque façon qu'on gaigne un Diadesme,
840 Sur le front d'un mortel, c'est un riche ornement.

Un dessein glorieux est tousjours legitime.
S'il passe pour un mal, c'est dans la folle estime
D'un esprit abbatu.
Jamais des grands dangers un grand coeur ne s'estonne
845 Et qui n'oze commettre un crime qui couronne,
Observe à ses despends une lasche vertu.

42

[p. 54]

SCENE DEUXIESME.

FELISMOND, HERMANTE.

FELISMOND.

Evandre tient de moy l'ordre de cette charge
Que ton intention dessus luy se décharge,
Elle aura pour dormir d'un eternel sommeil
850 Une course commune avecques le Soleil,
Cependant mesnageons la saison opportune,
Et que j'en aye une autre avecques toy commune.
Qu'il me tarde desja, que dessus ce beau sein
Ma violente ardeur n'accomplit son dessein,
855 Attendant cet hymen, qui te rend souveraine,
Et qui donne à l'Epire une si belle Reyne.

HERMANTE.

Sire, attribués tout à l'inclination,
Le seul bien de vous plaire est mon ambition.

FELISMOND.

Et cette ambition te donne un Diadesme
860 Met mon sceptre en tes mains, & t'égale à moy-mesme,   [p. 55]
Ne differe donc plus ces innocens esbats
Qu'autrefois si charmé je treuvois en tes bras,
Jouyssons des plaisirs que l'amour nous propose,
Et rendons les effects aussi doux que leur cause.

HERMANTE.

865 Mon ardeur aujourd'huy vous veut faire douter
S'il reste apres ce bien, quelque bien à gouster,
Au prix du doux effect qui suivra mes promesses
Venus pour Adonis eut de tiedes caresses,
La femme de Thiton ne vient que froidement
870 Du lict de son époux au sein de son amant,

Enfin pour son chasseur, quand l'Univers sommeille
La courriere des nuicts n'a point d'ardeur pareille.

SCENE TROISIESME.

[p. 56]

EVANDRE, PARTHENIE.

PARTHENIE.

J'eprouve ton secours à mes jours indulgent
Mais ton mesme secours m'outrage en m'obligeant,
875 Laisse accomplir l'arrest où mon malheur m'engage
Je dois à mon amour ce dernier tesmoignage,
J'ayme de m'immoler à son commandement
Et luy desobeir, c'est l'aymer laschement.

EVANDRE.

Madame, pour son bien, autant que pour le vostre
880 Permettés qu'à ce temps il en succede un autre,
Croyés qu'un charme étrange a blessé ses esprits,
Ma desobeyssance un jour aura son prix
Le Ciel accomplira vos voeux, & mon attente,
Vos destins changeront, & vous serés contente.
885 Un Astre injurieux s'est bandé contre vous
Mais le Ciel est injuste, ou vous sera plus doux,
Il souffre quelque temps, mais perd enfin le crime,
Il presse l'innocence, & jamais ne l'opprime,

[p. 57]

PARTHENIE.

En cet heureux espoir je reçoy ton secours,
890 Moins pour moy que pour luy je conserve mes jours,
Son mal me nuiroit plus que ma propre misere,
Au prix de ses douleurs la mort me seroit chere,
Sur moy tombent les maux qui peuvent l'outrager,
Je crains son repentir, s'il le doit affliger.

44

EVANDRE.

895 Demain, quand le Soleil effaçant les Estoilles
Du Palais de la nuict aura tiré les voiles,
Par des lieux détournés, j'iray de vostre mort
Pour nostre seureté faire le faux rapport,
Et vous sçaurés le soir, par mon propre message
900 Ce qu'elle aura produit en ce cruel courage,
Apres ces longs ennuys, vos voeux seront contents.
Attendés ce bon-heur, & du Ciel, & du temps.

SCENE QUATRIESME. [p. 58]

CLARIMOND, THERSANDRE, CLARIANE.

CLARIMOND, *la rencontrant*.

Et bien peux tu servir ma passion fidelle?

CLARIANE.

Monsieur, l'occasion ne peut estre plus belle,
905 Le carosse est-il prest?

CLARIMOND.

A quatre pas d'icy.

CLARIANE.

Un seul empeschement me donne du soucy.

CLARIMOND.

Quel?

CLARIANE.

C'est que Leonie est tousjours à ma suitte
Et pourroit ruïner toute nostre conduitte,
Tousjours loing de la Reyne, elle éclaire mes pas,
910   Semble nous espier, & ne me quitte pas.   [p. 59]

CLARIMOND.

L'or peut-il l'attirer en nostre intelligence?

CLARIANE.

Il faudroit l'éprouver.

CLARIMOND, *luy donnant force presens.*

Fay donc en diligence.

CLARIANE.

Ce metail est charmant, rien n'y peut resister,
Joinct qu'un esprit si jeune est facile à dompter,
915   Revenés dans une heure, armés à l'advantage,
Car Evandre est pourveu d'adresse, et de courage,
La porte du jardin ouverte à ce dessein ...
Mais quel soudain frisson me glace tout le sein?

CLARIMOND.

Bien-tost par le succés ta peur sera bannie.

CLARIANE.

920 Adieu, retirés-vous, j'apperçoy Leonie.

SCENE CINQUIESME.   [p. 60]

CLARIANE, LEONIE.

CLARIANE.

Ma chere Leonie en quel lieu solitaire
Nous confine le Ciel?

LEONIE.

Dieux! qu'il nous est contraire.

CLARIANE.

Faut-il que desormais ton eloquente voix
N'ait plus que l'entretien des rochers, & des bois?
925 Ne conteras tu plus ton amoureuse peine
Qu'à l'Echo d'un jardin, d'un mur, d'une fontaine?
Hâ! que nous respirons en ce triste sejour
Un air bien different de celuy de la Cour.

LEONIE.

A qui ne l'a gousté, cet air est difficile,
930 Mais la necessité rend la plainte inutile,
Quel espoir de remede à ce malheur est joinct,
Et quel chercherons-nous à ce qui n'en a point? [p. 61]

CLARIANE.

La mort est le seul mal qui n'a point de remede,
A des esprits adroicts toute infortune cede,
935 Nostre timidité faict nos pires malheurs,
Et tout coeur genereux peut vaincre ses douleurs,
Seconde mon dessein, & je tire la Reyne
Avant qu'il soit une heure, & nous-mesmes de peine,
Mais fay moy preuve icy de ta fidelité.

LEONIE.

940 Où ne voudrois-je point servir sa Majesté?

CLARIANE.

C'est luy rendre en effect un favorable office,
Mais il faut quelquefois cacher mesme un service,
Et tel qui ne peut pas discerner un bien-faict
D'abord peut s'offenser d'un plaisir qu'on luy faict,
945 Telle sa Majesté, d'amour preoccupee
Pour ce Prince, qui l'a si lâchement trompee,
Quelque bien qu'on luy fist le pourroit refuser,
Et mesme en la servant, il la faut abuser,
Tu sçays que par un lâche, & detestable crime
950 Le Roy croit que ce soir on en faict sa victime,
Et que desja du jour ses beaux yeux sont privés;
Evandre toutefois a ses jours conservés,   [p. 62]
Mais quel est son remede en ce malheur extréme?
Elle éprouve un secours pire que la mort mesme,
955 Et sans cueillir les fruicts de sa jeune saison
Se faict de ce desert une étroite prison,
Seroit-il pas meilleur, que hors de la Province
Elle évitast la hayne, & la fureur du Prince?
Car ce lieu m'est suspect, & les Rois ont des yeux
960 Qui peuvent penetrer dans les plus sombres lieux.

LEONIE.

J'approuve ce dessein, mais sous quelle conduitte
Peut-elle de ce Prince éviter la poursuite?

48

CLARIANE.

D'un Seigneur qui l'estime avecque passion,
Et c'est ce que je fie à ta discretion.

LEONIE.

965   Mais la croyant servir, son honneur se hazarde.

CLARIANE.

O le plaisant danger! le met elle en ta garde?
Quel t'imagines tu ce fantosme d'honneur?
La jeunesse ignorante en faict tout son bon-heur,
Conserve obstinement cet abus frenetique
970   Et tout ce qu'on luy dit, pense qu'on le practique,
Mais par le cours du temps, l'amour a sa saison
Et luy qui n'a point d'yeux les ouvre à la raison
Il chasse ces erreurs, & nous faict recognoistre   [p. 63]
Que paroistre pudique est ce qu'on nomme l'estre,
975   Gouverner avec art son inclination,
Y ménager le temps avec discretion,
Brusler pour un amant, & paroistre glacee,
Parler tousjours d'un sens contraire à sa pensee,
Et baiser en secret, alors qu'on se peut voir,
980   C'est avoir de l'honneur ce qu'il en faut avoir,
Parthenie, au besoing, comme une autre est capable
D'obliger un amant à sa grandeur sortable,
Et recevoir de luy ces amoureux esbats
Que luy doit son époux, & ne luy donne pas.
985   Oblige de ton ayde un amant qui l'adore
Faisons à son amour la grace qu'il implore,
.Accepte cependant ce present de sa part.

LEONIE.

Mais que puis-je pour luy?

CLARIANE.

Quand il sera plus tard,
Qu'introduit par mes soings il enleve la Reyne,

990   Et ne t'informe point du fruict de nostre peine,
C'est un Seigneur puissant, liberal, genereux,
Et pouvant l'obliger, nostre sort est heureux.

LEONIE.

Mais Evandre peut-il sans quelque resistence,
Consentir à l'effect de cette violence?

[p. 64]

CLARIANE.

995   Un seul coup, en son sein, adroictement porté
Peut lever au besoing cette difficulté,
Et le moindre interest d'un Prince, ou d'une Reyne
Doit rendre tout respect, & toute crainte vaine,
Achevons au plustost ce dessein important
1000 Puis qu'il est superflu de deliberer tant,
Je vais à ce Seigneur, qui m'attend à la porte,
L'advertir de n'entrer sur tout qu'avec main forte,
Toy proche de la Reyne, adroicte, et feignant bien
Oste luy tout sujet de se douter de rien.
1005 Qui tarde s'affoiblit, et le Ciel favorise
L'adresse de presser une belle entreprise.

LEONIE.

Ordonnés seulement je veux ce qui vous plaist,
Et je vais recognoistre en quel état elle est.

CLARIANE, *seule*.

A mon adresse enfin, toute chose succede
1010 Je puis à toute chose apporter du remede,
Rien ne peut s'opposer aux desseins que je faicts
Le souhait en naissant est suivy des effects,
Le Ciel permet leur cours, l'Enfer les execute,
Et le plus haut orgueil à mes coups est en butte   [p. 65]
1015 Je dispose du Dieu qui preside à l'amour,
Je trouble en un moment tout l'ordre de la Cour,
Mes desirs sont des loix, ma puissance est maistresse
Comme d'un Dieu sans yeux, d'une aveugle Deesse,
La fortune bastit ce que je veux dresser,
1020 Et démolit aussi quand je veux renverser,

Elle oste en ma faveur, ou laisse dans la bouë
Et quand jé veux j'arreste ou faicts tourner sa rouë.

SCENE SIXIESME.

PARTHENIE, EVANDRE, LEONIE.

PARTHENIE.

L'avarice à ce poinct a gaigné sa raison,
O perfidie extréme! ô lâche trahison.

EVANDRE.

1025 Madame, en un peril qui de prés nous regarde   [p. 66]
L'étonnement est vain, & la plainte retarde,
Songeons à détourner un si pressant danger,
Il paroist que le Ciel conspire à vous vanger,
Puisque la trahison n'est pas plustost conceuë
1030 Qu'il vous faict advertir d'en empescher l'yssuë.

PARTHENIE, à *Leonie*

A quelle heure dis-tu qu'il doit estre introduit?

LEONIE.

Bien-tost, puis qu'il est tard, et qu'il faict desja nuict.

PARTHENIE.

Te l'a-t-elle nommé?

LEONIE.

Me parlant de la sorte
Ses discours m'ont faict naistre une frayeur si forte,
1035 Que sans luy demander ny nom, ny qualité,
J'ay seulement appris, ce qu'elle a projetté.

PARTHENIE.

Ne deliberons plus, cette desesperee
Merite la frayeur qu'elle m'a preparee.
Que saisie au plustost elle confesse tout.

LEONIE.

1040 Il sera mal-aysé que l'on en vienne à bout,   [p. 67]
Elle a trop seurement la porte preparee,
Et ce Seigneur peut-estre en a desja l'entree.

EVANDRE.

Sans plus deliberer c'est en cette action
Qu'il faut estre pourveu de resolution,
1045 Je voudrois pouvoir seul estre vostre deffense
Je mourrois glorieux en cette resistence,
Pour vous j'affronterois, & l'Enfer, & le sort,
Mais vostre enlevement enfin suivroit ma mort,
Il aura quelque suitte, & les plus grands courages
1050 Succombent à la fin à de grands advantages.
Que vos mains pour sa perte imitent vos regards
Dans un corps de Junon ayés un coeur de Mars,
Des pistolets en main, & vous, & Leonie
Tâchés de seconder mon attente infinie,
1055 Et forcés la frayeur qui vous vient posseder,
Un si juste dessein ne peut mal succeder.

PARTHENIE.

Mais si pour divertir le mal qu'elle propose
Elle peut estre prise, & la porte estre close?

EVANDRE.

1060
Vous sauver de la sorte est tramer vostre perte,
Par eux, au prés du Roy vous seriés découverte,
Et lors le Ciel en vain nous voudroit secourir,
Et nostre seureté dependroit de mourir,
Leur perte nous importe, il faut craindre leur fuite   [p. 68]
Et que ce ravisseur perisse avec sa suite.

PARTHENIE.

1065
Donc les armes aux mains, & le courage au sein
Attendons le succés de ce juste dessein,
Mourons fidellement pour un Prince infidelle
Ma vie est importune, & ma mort sera belle.

SCENE SEPTIESME.

CLARIANE, CLARIMOND, THERSANDRE.

CLARIANE, *leur ouvrant la porte, & eux entrant*.

1070
Le sort à vos desseins ne peut estre plus doux
Tout obstacle est forcé, Leonie est pour vous,
Elle doit au besoing tenir la porte preste,
Et livrer en vos mains cette riche conqueste.

CLARIMOND.

Au poinct d'executer ce glorieux dessein
Une soudaine peur me glace tout le sein.   [p. 69]

CLARIANE.

1075
Cette frayeur est vaine.

CLARIMOND.

En marchant, il me semble
Sous mes timides pas voir la terre qui tremble,
Une feüille m'estonne, et je crains justement
D'un dessein temeraire un triste evenement.

CLARIANE.

1080 Tel n'eust jamais Paris, entre les bras d'Helene
Amorty son ardeur, et soulagé sa peine,
Ménageons seulement la faveur de la nuict,
Soyés prests à la charge, & suivés moy sans bruict.

CLARIMOND.

Si je vous devançois?

CLARIANE, *en montant.*

J'entreray la premiere
Et d'une prompte adresse éteindray la lumiere,
1085 Vous saisissés Evandre, & d'un commun effort ...

SCENE HUICTIESME.   [p. 70]

EVANDRE, PARTHENIE, LEONIE, CLARIMOND, THERSANDRE, CLARIANE.

EVANDRE, *sortant, & tirant un coup de pistolet,*
sur Clarimond.

Donnons, voicy le traistre.

CLARIANE.

O malheur!

CLARIMOND.

Je suis mort.

LEONIE, *tirant.*

Donnons.

THERSANDRE.

O triste effect d'un dessein temeraire!
Tel de la trahison est le juste salaire,
Et des Cieux irrités le pouvoir eternel
1090 Perd tousjours le complice avec le criminel.

CLARIANE.   [p. 71]

Dieux!

EVANDRE, *tenant Clariane aux cheveux.*

Toy spectre mouvant, vieille source de crimes
Qui donnes aux Enfers ces coupables victimes,
Quels supplices, quels fers, quel assés prompt trépas
A tes manes hydeux fera suivre leurs pas!
1095 Quand j'auray de cent noeuds tes salles mains étreintes
Dispense alors ta voix à d'inutiles plaintes,
Pleure, souspire, crie, & deteste les Cieux,
Leur lumiere à jamais est morte pour tes yeux.

CLARIANE.

Hâ! ne differés point le plus juste supplice
1100 Qu'ayent jamais ordonné le Ciel, & la justice,

Inventés des tourmens égaux à mes forfaicts
Vostre ressentiment a de trop lents effects,
De cet horrible objet delivrés la nature,
Les Corbeaux trop long-temps attendent leur pasture;
1105 Que ne sont par vos mains ces membres déchirés,
Et que desja par eux ne sont-ils devorés?

PARTHENIE.

L'effect suivra de prés ce dessein legitime,
Mais apprens moy, quel fut le motif de ton crime,   [p. 72]
Et quel dessein te porte à me persecuter.
1110 Mon mal est-il trop doux, devois-tu l'irriter?

CLARIANE.

Une infame avarice, à mon aage commune
Et l'Astre qui conduit ma mauvaise fortune,
M'ont faict fouler aux pieds, pour suivre mes desseins
Toutes divines loix, & tous respects humains,
1115 Clarimond qui languit, mourant sur la poussiere
A si prodiguement joinct l'or à la priere,
Que je n'ay pû nier à ses fortes amours
Le soing qu'il m'a faict prendre aux despens de ses jours.

PARTHENIE.

Quoy, de cette action Clarimond fut capable
1120 Et d'une amour si saincte en fist une coupable?
Dans les flots de son sang, il acheve son sort,
Et ce bras malheureux est autheur de sa mort,
O déplorable effect de mon malheur extréme
Qui m'oste le plaisir dans la vengeance mesme,
1125 Et ne me permet pas de gouster le bon-heur
D'avoir puny son crime, & sauvé mon honneur!
J'estimois Clarimond, et pour croistre ma peine
Il s'est rendu coupable, & digne de ma hayne,
Sa mort que j'ay causee est un de mes malheurs,   [p. 73]
1130 Et l'honneur me deffend de luy donner des pleurs.

CLARIANE.

Differés un moment mes peines legitimes,

Et comme vous perdes, proffités de mes crimes,
Madame, en mon malheur les vostres ont leur fin
Seule, seule j'ay faict vostre mauvais destin,
1135 Seule j'ay traversé vostre chaste Hymenee,
Par moy son cours ne fut que d'une matinee,
J'ay causé les affronts que vous avés soufferts
J'ay contre vostre amour suscité les Enfers,
Une bague charmée ...

EVANDRE.

O Dieux!

CLARIANE.

Que porte Hermante,
1140 Faict triompher du Roy cette impudique amante,
C'est de moy qu'elle tient ce damnable secours,
Et ce moyen maudit de traverser vos jours,
Ce charme violent arraché de ses doigts
Rangera Felismond sous ses premieres lois,
1145 Les attraits qu'il cherit luy seront detestables,
Ses plaisirs odieux, vos baisers souhaittables,
Vos maux seront finis vos desirs satisfaicts,
Et vos communs liens plus étroits que jamais.

EVANDRE.   [p. 72 bis]

O favorable effect d'un detestable crime
1150 O bon-heur! ô succés conforme à mon estime!
J'ay tousjours creu qu'un charme alteroit sa raison
Et sa seule impuissance a faict sa trahison.

PARTHENIE.

Que beny soit des Dieux le pouvoir adorable
Qui donne à mes desirs le succés favorable,
1155 Quoy, je puis esperer les fruicts de mon amour?
Et les yeux de mon Roy m'éclaireront un jour?

EVANDRE.

Madame, il faut partir, avant que la lumiere
Redore les objets de sa beauté premiere,
A ce Prince enchanté rendons la guerison,
1160   Faisons luy souhaitter sa premiere prison:
Vous serés en ma chambre attendant ma venuë,
Et si tost que j'auray la verité cogneuë,
Par mon propre rapport vous pourrés tout sçavoir.

PARTHENIE.

O bien-heureuse attente! ô favorable espoir!

EVANDRE.

1165   Pour toy de qui le Ciel rend l'entreprise vaine
Medite en m'attendant sur l'horreur de ta peine,
Et dans l'affreux sejour qui te va retenir
Par tes propres pechez, commence à te punir.

CLARIANE.   [p. 73 bis]

Que jamais de vos mains le Ciel ne me delivre,
1170   Faictes moy mille fois remourir, & revivre,
Le coup sera trop doux, qui bornera mon sort
Et pour tant de forfaicts, c'est trop peu qu'une mort.

ACTE V.   [p. 74]

SCENE PREMIERE.

La chambre s'ouvre.

[FELISMOND, HERMANTE.]

FELISMOND, *s'habillant avec des valets d'Hermante,*

& elle se coiffant à son miroir.

Que tes pas sont legers Princesse des étoilles!
Et que d'un soing pressé tu retires tes voiles,
1175 Si le Ciel n'est jaloux de mes contentements
Et s'il t'a destinee au repos des amants,
Peux-tu d'un cours si prompt achever ta carriere,
Et laisses-tu si-tost renaistre la lumiere?
Le Ciel pour obliger un de ses habitants   [p. 75]
1180 Te vid il pas jadis rompre l'ordre du temps?
Trois jours ton voile obscur couvrit nostre hemisphere
Et Diane eut trois jours l'Empire de son frere,
Mais que l'aveuglement d'un homme est sans pareil
Qui réclame la nuict pour joüir d'un Soleil,
1185 Et que d'un vain soucy mon desir me tourmente
Quand je veux estre à l'ombre entre les bras d'Hermante.

HERMANTE.

Sire, si vostre espoir est suivy des effects,
Et si je vous ay plû mes voeux sont satisfaicts,
Pour moy si cette nuict peut trouver sa seconde,
1190 J'en prefere l'espoir à l'Empire du monde,
Alcmene avec Jupin eut de moindres plaisirs
Et n'eut jamais d'ardeur égale à mes desirs.
Ne mets qu'un court obstacle à ma bonne fortune,
Soleil, & cache tost ta lumiere importune.

SCENE DEUXIESME.   [p. 76]

EVANDRE, FELISMOND, HERMANTE.

EVANDRE.

1195   Ministre criminel de vostre passion,
       Je n'ay rien oublié de ma commission,
       L'eau cache sous l'argent de ses mouvantes glaces
       Ce precieux débris des vertus, & des graces.
       Estes vous satisfaict?

                    FELISMOND.

                           Les Dieux en soient benis.
1200   Madame, nos destins sont pour jamais unis,
       Nos feux sont à couvert des yeux d'une importune
       Je puis sur son débris bastir une fortune,
       Tout rit à nos desseins.

                    HERMANTE.

                           Que ne peuvent les Rois?
       Et qui peut sans offence en corriger les loix,   [p. 77]
1205   Quel obstacle peut estre à leurs desirs contraire,
       Et quel temps leur faut-il entre vouloir, & faire?

                    EVANDRE.

       Sire, quand elle apprit l'arrest de son destin,
       Et qu'elle se trouva si proche de sa fin,
       Une vaine frayeur n'altera point ses charmes,
1210   Son oeil grave, & constant ne versa point de larmes,
       Cette triste victime implora seulement
       Le bien de vous écrire en ce dernier moment,
       Elle eut faict en deux mots, qu'elle me fist entendre
       Mais Sire, qu'en secret, je vous les puisse rendre,
1215   Car ils vous toucheront, et les larmes au moins
       Qu'ils vous feront verser, n'auront point de tesmoings.

60

FELISMOND.

Entre en ce cabinet.

HERMANTE, *se coiffant tousjours.*

Enfin heureuse Hermante
Le bon-heur que tu veux succede à ton attente,
L'amour fut à tes voeux un tyran inhumain,
1220 Mais l'Enfer plus puissant met un sceptre en ta main,
Ne pouvant empescher le pouvoir qu'il te donne,
Le Ciel bien mollement soustient une Couronne,   [p. 78]
Et cette authorité qu'on attribuë aux Dieux
Est de nostre foiblesse un voile specieux.

SCENE TROISIESME.

EVANDRE, HERMANTE.

EVANDRE, *le poignard à la main, saisit Hermante.*

1225 Opprobre des mortels, horreur de la nature,
Exemple detestable à la race future,
Rends cette bague, infame.

HERMANTE.

On me tuë, au secours!

EVANDRE, *la luy arrachant.*

Ou ce fer de tes ans va terminer le cours.

HERMANTE.

On m'assassine, ô Dieux!

EVANDRE, *l'ayant tiree.*

Ta resistence est vaine.

HERMANTE.

1230 Tenebreux habitants de l'infernale plaine,
Spectres, larves, Demons, venés me secourir,
O secours trop tardif! il faut, il faut mourir.   [p. 79]
Traistre donne ce fer.

SCENE QUATRIESME.

[FELISMOND, etc.]

FELISMOND, *sortant du cabinet, luy arrachant son poignard.*

O Dieux! quelle insolence
Te dispense, cruel, à cette violence?
1235 Ta mort reparera le mespris effronté
Que tu faicts à mes yeux de mon authorité.
Regardant Hermante.
Mais quel horrible objet se presente à ma veuë?
Quoy, celle que je creus de beauté si pourveuë,
Qui m'osta tout respect des hommes, & des Dieux,
1240 N'est plus à mes regards qu'un objet odieux!
De quel enchantement fut mon ame charmee?

Hermante court furieuse par la chambre

s'arrachant les cheveux.

      Quoy, pour cete Megere elle s'est consommee,
      Pour moy cette sorciere eut des allechements
      Et je me suis soüillé de ses embrassements,
1245   O spectacle d'Enfer, aux yeux épouvantable!
      Que tarde juste Ciel ton courroux équitable,
      Quel charme furieux a troublé ma raison?   [p. 80]
      O crime sans exemple, & sans comparaison!

EVANDRE, *ayant levé la pierre.*

      Sire, ce diamant cachoit ce charme extréme
1250   Qui vous fist si long-temps different de vous-mesme,
      Tout le peuple ignorant de cet enchantement
      Condamne à haute voix vostre deportement,
      Et benira la main qui sera la meurtriere
      De cette infame, horrible, & damnable sorciere.

HERMANTE.

1255   Si l'horreur de mes cris penetre jusqu'à vous
      Manes, Demons, damnés, je vous invoque tous,
      Mon ame sans deffense, à vos fureurs s'expose
      Epargnés Ixion, que Tantale repose,
      Qu'un silence profond naisse dessus vos bords,
1260   Et venés sur moy seule employer vos efforts.
      Toy qui tournes les Cieux, & qui soustiens la terre,
      Si le Ciel est serain quand bruira ton tonnerre?
      Vaste champ des éclairs, air, humide Element
      De cent monts de vapeurs forme mon chastiment,
1265   Et cache à l'oeil du jour cette horrible sorciere
      Dont les salles regards profanent sa lumiere,
      Perds ce commun effroy des Dieux, & des humains,
      Puis que pour me sauver touts remedes sont vains.   [p. 81]

FELISMOND.

Quoy, j'apprens sans mourir, la mort de Parthenie?

EVANDRE.

1270   Vangés sur son bourreau cette perte infinie,
Par ma main ces beaux yeux, ces deux Astres Jumeaux,
Furent precipités dans l'Empire des eaux.

FELISMOND.

Ma voix en prononça la tragique sentence,
Et je survis sa mort, ô barbare constance!
1275   O detestable hymen! ô funeste amitié!
Où l'époux est bourreau de sa chaste moitié,
Où la premiere nuict la couche est divisee,
Et l'innocente épouse aux ondes exposee,
Son lict fut le plus froid de tous les Elements,
1280   Et la mort fut l'objet de ses embrassements;
Tu vis Roy des saisons ce fatal hymenee,
Et tu pû sans horreur accomplir la journee,
Tu l'ozas achever, & l'horreur d'un festin
T'a bien faict rebrousser du couchant au matin,
1285   Tu veis sans t'effrayer dedans le sein de l'onde
Tomber par mon arrest ce miracle du monde,
Elle est morte où tu dors, ton lict fut son tombeau
Et l'eau de deux Soleils éteignit le plus beau.
                     A ses valets.   [p. 82]
Qu'on dresse dans le temple un appareil funebre,
1290   Et que je fasse au moins sa memoire celebre,
Que ses parens mandés partagent mes douleurs,
Et sur son vain tombeau viennent verser des pleurs.

HERMANTE.

Vostre juste courroux sçait mal venger sa perte
Quand sa cause si proche à vos yeux est offerte.
1295   Que deliberés vous, que tardent vos efforts
De mettre en cent morceaux ce miserable corps?
Approchés, approchés, non plus avec caresse,
Non plus comme un amant aborde sa maistresse,
Mais tel que rugissant, un Lyon enragé
1300   Se jette sur les chiens dont il est outragé.
Mais vous que je reclame, infernales puissances
Sauvés-moy des bourreaux, des feux, & des potences,
J'ay gaigné d'autres feux, il me faut d'autres fers
Que je tombe vivante au milieu des Enfers,
1305   Et que tous vos bourreaux d'un effort legitime
Y taschent d'égaler mon tourment à mon crime,

Qu'aucun mal n'en approche, & qu'en comparaison
On trouve doux les feux, la peste, & le poison,
Qu'on ne parle de moy que sur la rive noire
1310 Et qu'on fasse perir jusques à ma memoire. [p. 83]

FELISMOND, à ses gens.

Qu'en la tour du Palais cette horreur de mes yeux
Aille attendre l'arrest de son crime odieux,
Et que par la frayeur de son proche supplice
Cette peste desja, soy-mesme se punisse.
On ameine Hermante, & le Roy s'en va en son cabinet.

EVANDRE, seul.

1315 L'Enfer n'a plus de droict, son pouvoir abatu
Laisse du vice enfin triompher la vertu,
Le Ciel marche à pas [lents] au chastiment des crimes
Sa Justice irritee ouvre tard ses abysmes,
Mais quand son bras enfin s'applique au chastiment
1320 Il repare le temps, par l'excés du tourment.
Que le Roy cependant ait sa part de la peine
Et de ce changement allons ravir la Reyne,
Ma joye est sans seconde aux esprits genereux,
Annoncer un bon-heur c'est estre bien-heureux.

SCENE CINQUIESME. [p. 84]

HERMANTE, en une haute tour en prison, les fers

aux mains, & aux pieds.

1325 Tenebreux habitants du Royaume des Parques,
Demons dont le pouvoir a tant d'illustres marques,
Qui disposés des vents, qui noircissés les airs,
Qui produisés la foudre, & formés les éclairs,
Quel timide respect suspend vostre puissance,
1330 Et vous rend engourdis, & sourds pour ma deffense?
Que l'Enfer pour le moins, s'ouvre aux voeux que je faicts,
Qu'il engloutisse tour, Roy, sorciere, & Palais,

Pour reparer un crime au Ciel épouvantable
Confondés l'innocent avecque la coupable,
1335 Faictes pour mes forfaicts souffrir tous les mortels,
Renversés les Cités, les throsnes, les autels,
Par la punition faictes juger du crime;
Que mon pays perisse, & que l'Epire abysme!

[p. 85]

Tout se taist, tout est sourd à mes tristes accens,
1340 Et mes propres efforts sur moy sont impuissants,
Je ne puis ny mourir ny forcer ces murailles,
Je ne puis de ces mains arracher mes entrailles,
Etreintes sous les fers je ne les puis mouvoir
Et n'ay la liberté que de plaindre, & de voir,
1345 Donc que desja ce corps n'est le butin des flames!
Garder les criminels, c'est en punir les ames,
C'est trop, c'est trop cruels, se vanger d'un forfaict,
Et l'attente des maux, punit plus que l'effect.
Dieux, Enfers, Elemens, faites ma sepulture
1350 Dans le commun débris de toute la nature,
Que le cahos renaisse, et que tout soit confus
Dieux! tonnés, Cieux, tombés, Astres, ne luysés plus.

SCENE SIXIESME.

[p. 86]

LE GRAND PRESTRE, LE PERE de Parthenie, LE DUC,

Oncle de Parthenie.

Le temple s'ouvre tapissé de deüil, & tous

les parens de Parthenie pleurent en deüil, autour

d'un vain tombeau.

LE PERE de Parthenie.

Qu'un instable pouvoir gouverne toutes choses,
Le plus ferme bon-heur passe comme les roses,
1355 Pour elles vivre un jour est un heureux destin,
Et le soir y détruit l'ouvrage du matin,
Telle ceste jeune merveille,
Qui charmoit tous les coeurs par un si doux effort

Estoit le matin sans pareille,
1360 Et le soir se trouva le butin de la mort.

LE DUC, Oncle de Parthenie.

Jamais Soleil pourveu de si douce lumiere
Ne s'estoit veu briller dessus nostre orizon,
Tous les yeux esblouys de sa clarté premiere,
Esperoient une longue et divine saison,   [p. 87]
1365 Mais cet instable sort qui gouverne le monde
Par un déplorable accident
L'a faict precipiter dans l'onde,
Et devant son midy trouver son occident.

LE GRAND PRESTRE.

Laschons la bonde aux pleurs, & que toute l'Epire
1370 En ce malheur commun sur sa tombe souspire,
Ce jeune Astre naissoit, et l'aage de vingt ans
Ne doit point de tribut à l'Empire du temps,
Quand nos jours sont cueillis des mains de la nature,
Et qu'on s'est veu de prés toucher sa sepulture,
1375 Les manes satisfaicts s'offensent de nos pleurs
Et la necessité condamne les douleurs,
Mais voir une Princesse, en beautés sans seconde,
Qui se faict des autels des coeurs de tout le monde,
Et dont l'Epire attend des Princes, et des Rois
1380 Ne pouvoir s'affranchir de tes barbares lois,
Et loing de son époux, ô sensible infortune!
Passer la nuict d'hymen dans les bras de Neptune,
Y voir finir sa vie, & perdre sa beauté,
C'est là que la constance est une cruauté.
1385 C'est pour cet accident qu'il faut avoir des larmes,
Et que le plus grand coeur doit mettre bas les armes,   [p. 88]
Pleignons d'un deüil commun nos communs interests.
Vous ses manes sacrés entendés nos regrets,
Et voyés vos sujets sur cette tombe vaine,
1390 Rendre les derniers voeux qu'ils doivent à leur Reyne.

SCENE SEPTIESME.

[LE ROY, etc.]

LE ROY, *entre vestu de deüil, pleurant, & suivy de*

ses gens, s'en va jetter sur le tombeau où il est

long-temps couché sans parler, & puis dit à genoux.

LE ROY.

Effroyable sejour des esprits criminels,
Enfer ouvre sous moy tes antres eternels,
Ou rends moy Parthenie, ou repare mon crime,
Que je tombe là bas sa vivante victime,
1395 Ne donner que des pleurs à son cruel trépas
C'est trop peu la vanger, il faut suivre ses pas.
Vous ses tristes parens, autheurs de sa naissance,
Vous peuples que le Ciel sousmist à sa puissance,
Vous hommes, & vous Dieux, qu'elle a tousjours servis, [p. 89]
1400 Apprenés par quel sort ses jours luy sont ravis,
La mort n'eut point dessein sur ses jeunes annees,
L'avare main du temps ne les a point bornees,
L'onde n'est point coupable, et ny cheute, ny vent
Ne livra ce beau corps à ce cristal mouvant,
1405 Sa perte est un effect de mon propre courage,
Et seul, je suis ses flots, son vent, et son orage,
Son trépas est mon crime, & la loy de son sort
Destinoit son époux pour autheur de sa mort.

LE PERE.

Dieux! qu'est-ce que j'entend?

FELISMOND.

      Ces innocentes flammes
1410 Ce sainct brasier d'amour, qui consommoit nos ames,
Sont le feu devorant qui consomma ses jours;

Telles sont mes faveurs, telles sont mes amours,
Tels furent les baisers qui devoient à l'Epire
Ceux qui doivent un jour gouverner son Empire.
1415 Unissés vos efforts & dessus son tombeau
D'un zele legitime immolés son bourreau,
Donnés au souvenir d'une beauté si rare
Le sang de ce tyran à soy-mesme barbare,
Incapable d'honneur, de respect, d'amitié,   [p. 90]
1420 Qui n'a pas épargné sa plus chere moitié,
Quel azyle aurés vous contre sa tyrannie
S'il ne s'en trouve pas mesme pour Parthenie?
Que ne doit-il un jour sur son peuple exercer
Si par la Reyne mesme il oza commencer?

                        L'ONCLE.

1425 O Province affligee! ô malheur déplorable!

                    LE GRAND PRESTRE.

Non, non, cet accident m'est encor incroyable,
Et ces plaintes qu'il pousse au Royaume des morts
Nayssent de ses ennuys, & non de ses remords.

                        FELISMOND.

Sainct objet de mes pleurs, sacrés manes, belle ombre
1430 Si ma voix peut aller jusqu'au rivage sombre,
Tu m'entens declarer l'autheur de ton trépas,
Et tu vois toutefois qu'on ne le punit pas,
On te plaint lâchement, & pour ton allegeance
Ny parens, ny sujets n'embrassent ta vengeance.
                        Tirant un poignard.
1435 Quoy, sa perte, cruels, ne vous peut émouvoir!
C'est donc à son époux qu'appartient ce devoir,
Ma main, ma seule main, de ce coup est capable,
Je seray le vangeur, ensemble, & le coupable.

                    LE PERE, *l'arrestant.*

Hâ Sire, reprimés ces efforts inhumains.

FELISMOND.

[p. 91]

1440 Non, non, rien ne pourroit me sauver de mes mains,
La mort est tousjours preste à qui ne veut plus vivre
C'est doucement, helas! me punir, que la suivre.

SCENE DERNIERE.

EVANDRE, PARTHENIE, LEONIE, &c.

EVANDRE.

Sire, sa Majesté vient épargner vos pas.
Où l'allés vous chercher, ne la voyés vous pas?

FELISMOND.

1445 Dieux! qu'est-ce que je voy?

EVANDRE.

                          Cette heureuse Princesse
Qui doit entre vos bras calmer vostre tristesse.

PARTHENIE.

Mais plustost une femme, indigne de son sort,
Puis que de vostre part j'ay redouté la mort,
Que je n'ay pû vous plaire aux despens de ma vie
1450 Et que mes propres mains ne me l'ont pas ravie.

[p. 92]

FELISMOND.

Je revoy cet objet à mes yeux si charmant!
Parthenie est vivante! ô doux ravissement!
O sacré soing des Cieux, à mes voeux favorable
Sois à jamais beny, sois tousjours adorable!

LE PERE.

1455   O divine advanture!

L'ONCLE.

O bon-heur infiny!

LE GRAND PRESTRE.

Dans les ennuys enfin l'ennuy mesme est bany,
Tout succede à nos voeux.

LE PERE.

O celeste journee!
Où le Ciel reünit un si bel Hymenee,
Sois mise pour jamais entre ces jours sacrés
1460   Que les peuples d'Epire ont tousjours reverés.

FELISMOND, à Parthenie.

Si par l'eau de mes pleurs mon crime ne s'efface
Quelle sousmission peut meriter ma grace?
                                A Evandre.
Et toy qui fus chargé de ce cruel trépas
Que tu m'as obligé de ne m'obeyr pas.

EVANDRE.

1465   Sire, dans le Palais vous apprendrés l'histoire

Qui de son infortune a faict naistre sa gloire,   [p. 93]
Quelle fut sa vertu, quel accident m'apprist
Qu'un charme violent alteroit vostre esprit,
Enfin vous sçaurés tout, mais obligés la Reyne
1470   D'une heure de repos, & souffrés qu'on l'emmeine,
Le travail du chemin a lassé ce beau corps
Et le chemin est long du Royaume des morts.

FELISMOND.

Fay sacré Dieu d'Hymen servir cette advanture
D'éternel entretien à la race future,
1475   Qu'on celebre à jamais tes honneurs infinis.
Dieux soyés reverés, Astres soyez benis.

F I N.

LECONS REJETEES

Pour éviter de donner une liste d'une longueur excessive, nous présentons séparément et sous forme de résumé les changements apportés à la ponctuation. Nous avons supprimé des virgules illogiques au milieu d'une phrase (vv. 171, 210, 363, 477, 774, 826, 842, 861, 1011, 1074, 1095, 1462), ainsi que des points (vv. 287, 559, 612), des points d'interrogation (vv. 318, 901, 1238) et un point d'exclamation (v. 755) qui se trouvent au milieu d'une phrase. Nous avons placé des points d'interrogation (vv. 20, 77, 292, 399, 416, 452, 533, 548, 614, 716, 718, 769, 776, 903, 905, 918, 932, 967, 1058, 1106, 1156, 1180, 1234, 1241, 1262, 1409) et des points d'exclamation (vv. 305, 734, 738, 1126, 1227, 1338, 1345, 1435) là où c'était nécessaire pour la lisibilité du texte. Nous avons mis des points de suspension pour marquer des répliques interrompues (vv. 477, 479, 521, 719, 745, 785, 917, 1085, 1139). Chaque fois que l'édition originale met une virgule à la fin d'une réplique, au lieu d'un point, nous avons fait la correction (vv. 84, 142, 226, 232, 293, 313, 372, 470, 476, 515, 720, 768, 785, 960, 1042, 1087, 1148). Chaque fois qu'un personnage change d'interlocuteur au milieu d'une réplique, nous avons mis un point (vv. 325, 326, 444, 482, 492, 592, 728, 1192, 1199, 1232, 1260, 1300, 1348, 1387, 1396, 1414, 1434, 1475). Enfin, quand il y a le danger de mal raccorder un vers au vers précédent, bien qu'ils appartiennent logiquement à deux phrases différentes, et surtout quand le deuxième vers commence par un mot tel que Qui, Que, Si ou Où, nous avons ajouté un point ou un point-virgule (vv. 69, 74, 295, 319, 397, 453, 462, 660, 670, 697, 775, 803, 841, 874, 984, 1004, 1038, 1050, 1104, 1294, 1320, 1337, 1443).

Nous restituons le blanc qui manque après le vers 822 dans les stances d'Hermante, et aussi la liste des personnages qui manque en tête des scènes 1, 4 et 7 de l'acte V.

Les erreurs qui ne concernent pas la ponctuation suivent sous forme de liste:

LISTE DES ACTEURS

1. 7	PARRHENIE
v. 59	l'amour
v. 324 ind. scén.	*Toutes*
v. 427	hymen
vv. 608-10	Réplique attribuée à Félismond.
v. 657	commendés
v. 815	THERSANTE
v. 1092	donne
v. 1095	cens
v. 1119	cet action
v. 1173 ind. scén.	*de Hermante*
v. 1231	lames
v. 1314	perte

v. 1317		à pas leués
v. 1329		tǐmide
v. 1342		ses mains
v. 1363		ses clartés premiere
v. 1391	ind. scén.	*entre-vestu*

74

VARIANTES DE L'EDITION DE 1820

Puisque l'édition préparée par Viollet-le-Duc est la seule qui existe dans la plupart des bibliothèques, nous jugeons utile de signaler les principales différences entre cette édition et la nôtre.

A LE TEXTE

L'édition de 1820 modernise l'orthographe et la ponctuation. Les corrections sont souvent très justes, et nous avons profité de quelques-unes d'entre elles. Cependant nous croyons que beaucoup de changements ou de corrections dans cette édition ne s'imposent pas. De plus, on y trouve parfois des contre-sens, voire des absurdités. Voici une liste des différences notables:

	EDITION DE 1820	NOTRE EDITION
v. 1	qu'horreurs et que carnages	qu'horreur, et que carnages
v. 10	Ne trouve plus de lieux	Ne treuve plus de lieu
v. 27	Frappe d'un même coup	Frappe d'un mesme temps
v. 56	par votre avancement	pour vostre advancement
v. 68	l'heur de se conserver	l'heur de le conserver
v. 125	Puisque le ciel est sourd	Puis que le Ciel m'est sourd
v. 137	O dieux! quelle froideur	O Dieux! que de froideur
v. 194	est un objet de rage	est un sujet de rage
v. 244	(manque)	Protecteur immortel
		de cet heureux sejour,
v. 254	asservisse un monarque	asservit un Monarque
v. 272	Et montrent qu'ils en sont	Et monstrer qu'ils en sont
v. 336	Et surpris, moi sur tous	Et surpris, & sur tous
v. 357	et n'aime pas à l'être	& n'ayme pas de l'estre
v. 370	excuse la retraite	excuse la deffaicte
v. 502	aux désirs de la reine	aux despens de la Reyne
v. 522	suivons cette humaine	suivons cette inhumaine
v. 528	n'est que l'effet d'un jour	n'est l'effect que d'un jour
v. 557	où ton esprit se fonde	où ton mespris se fonde
v. 585	sont dignes de ma grâce	sont dignes de ta grace
		(voir Glossaire)
v. 602	les rois le sont sur terre	les Rois le sont en terre
v. 607	dont un aveugle amour	dont une aveugle amour
v. 749	Allons au fond de l'eau	Allons au sein de l'eau
		(cf. v. 1285)
v. 898	faire le doux rapport	faire le faux rapport
v. 1060	vous serez découverte	vous seriés découverte
v. 1077	Une fille m'étonne	Une feüille m'estonne
v. 1152	Et sa seule puissance	Et sa seule impuissance
v. 1161	Vous serez dans ma chambre	Vous serés en ma chambre
v. 1166	Médite en attendant	Medite en m'attendant
v. 1205	à leurs desseins contraire	à leurs desirs contraire
v. 1232	Oh! secours trop tardifs!	O secours trop tardif!

v. 1266	profanent la lumière	profanent sa lumiere	
v. 1271	Par ma main ses beaux yeux	Par ma main ces beaux yeux	
v. 1300	Se jette sur des chiens	Se jette sur les chiens	
v. 1313	de son prochain supplice	de son proche supplice	
		(voir Glossaire)	
v. 1315	L'enfer n'a plus de droits; son courage abattu	L'Enfer n'a plus de droict, son pouvoir abatu	
v. 1317	Le ciel marche à grands pas	Le Ciel marche à pas lents	
		(voir la note)	
v. 1318	La justice irritée	Sa Justice irritee	
v. 1332	Qu'il engloutisse tout	Qu'il engloutisse tour	
v. 1334	avecque le coupable	avecque la coupable	
v. 1354	Le plus ferme pouvoir	Le plus ferme bon-heur	
v. 1361	de si douces lumières	de si douce lumiere	
v. 1363	de ses clartés premières	de sa clarté premiere	
		(voir Leçons rejetées)	
v. 1398	Vous, peuple que le ciel commit à sa puissance	Vous peuples que le Ciel sousmist à sa puissance	
v. 1413	que devoient à l'Epire	qui devoient à l'Epire	
		(voir la note)	
v. 1427	Et ces craintes qu'il pousse	Et ces plaintes qu'il pousse	
v. 1437	de ce coup est coupable	de ce coup est capable	

B NOM ET IDENTITE DES PERSONNAGES

Nous suivons fidèlement l'édition originale, même quand il y a manque d'uniformité. Cléanor reçoit un nom dans la liste des personnages en tête de II,1, mais, ailleurs, Rotrou le désigne exclusivement comme "Le Père". L'édition de 1820 l'appelle partout Cléanor. De même, l'édition originale désigne l'oncle de Parthénie comme "Le Duc" sauf aux vers 1425 et 1455; Viollet-le-Duc l'appelle partout Le Duc. Dans la liste des Acteurs en tête de la pièce il qualifie Clariane de "nourrice d'Hermante", empruntant cette idée au début de I,2. Nous croyons plutôt qu'il s'agit d'une erreur dans l'édition originale (voir la note au vers 33).

C DISTRIBUTION DES SCENES

Au vers 301 (début de II,2 dans l'édition originale) Viollet-le-Duc ne commence pas une nouvelle scène, réservant cette division pour le soliloque d'Hermante (v. 325). Au vers 685, l'édition originale place l'hémistiche de Félismond en tête de la scène III,3; Viollet-le-Duc le place à la fin de la scène III,2. Au vers 921 Viollet-le-Duc rejette la division des scènes pour le reste de l'acte IV, continuant la scène 4 jusqu'au soliloque de Clariane; il fait commencer la scène 5 au vers 1023 et la scène 6 (dernière de l'acte) au vers 1069.

D INDICATIONS SCENIQUES

Presque toutes les indications scéniques sont refaites dans l'édition de 1820. Pour la plupart, ces changements présentent peu d'intérêt, mais signalons les suppressions et les modifications les plus significatives: aux vers 277 (l'action de se lever est supprimée), 300 (suppression de "on se dispose à s'en aller"), 324 (suppression de la deuxième sonnerie des trompettes), 529 (suppression de "suivant Hermante"), 576 (suppression de "Elle va le baiser"), 777 (l'action de surprendre les personnages déjà présents est supprimée), 903 (suppression de "la rencontrant"), 912 (dans l'édition de 1820, Clarimond ne donne qu'un présent), 1069 (Viollet-le-Duc introduit la scène ainsi: "Les mêmes; CLARIANE, CLARIMOND, THERSANDRE, dans une pièce voisine, et sans être vus"), 1086 (dans l'édition originale Evandre sort; dans celle de 1820 les agresseurs "entrent"), 1173 (dans l'édition originale c'est Hermante qui se coiffe au miroir; pour celle de 1820 c'est Félismond), 1314 (suppression de "& le Roy s'en va en son cabinet"), 1353 (l'originale précise que les parents de Parthénie sont en deuil), 1391 (dans l'édition de 1820 la longue indication scénique se réduit à "à genoux près du tombeau"), et 1439 (suppression de "l'arrestant"). Viollet-le-Duc élimine aussi tout ce qui éclaire la mise en scène originale: des expressions comme "le temple s'ouvre", "la chambre s'ouvre" et les allusions au cabinet. Parmi les nouvelles indications scéniques qu'il introduit, nous en relevons une de particulièrement utile: à la fin du vers 520, il met "Elle sort", ce qui se déduit facilement du geste de Félismond deux vers après ("Il court après").

NOTES ET COMMENTAIRES

ACTEURS

Le Père de Parthénie reçoit le nom de Cléanor au début de l'acte II.
Quant au sens symbolique des noms des personnages, voir l'Introduction.

ACTE I

vv. 2-6   Les êtres diaboliques invoqués ici sont une combinaison
de personnifications allégoriques et de figures
mythologiques. Le Styx et le Léthé sont deux fleuves
des enfers, mais le fait que ce dernier cause l'oubli
est négligé ici. Mégère au singulier est le nom d'une
des trois Furies; la Discorde au singulier (Eris) est
une divinité infernale. Rotrou met à profit les
résonances poétiques de la mythologie classique sans
vouloir se piquer d'une exactitude rigoriste.

v. 12   Pointe dans le style de Théophile de Viau (cf. *Pyrame et
Thisbé* V,2,1228).

vv. 15-20   Hermante accepte au début sa propre culpabilité et
réclame sa propre punition, mais bientôt elle révèle son
obsession de la destruction universelle (v. 22).

v. 33   Le terme Nourrice, qui ne figure pas ailleurs dans la
pièce, même dans la liste des Acteurs, constitue un
problème. Pourquoi Parthénie prendrait-elle à sa suite
la nourrice de sa rivale discréditée? Rien dans le
texte ne confirme cette fonction de Clariane, même le
vers 116, car le mot Instinct se trouve dans la bouche
des autres personnages dans des contextes tout à fait
différents (vv. 443, 667). Nous croyons plutôt que
Rotrou trahit, peut-être sans le vouloir, sa dépendance
à l'égard de Sénèque, car cette scène rappelle les
entretiens entre une femme furieuse (Phèdre,
Clytemnestre, Médée) et sa nourrice chez le tragique
latin.

vv. 39-42   Passage souvent cité comme exemple de la démesure
baroque.

v. 54   Clariane montre son hypocrisie, en adoptant les
sentiments religieux qui conviennent à son
interlocuteur.

vv. 75-76   Sentence dans le style de Sénèque.

vv. 99-100   Au moment de s'adonner au crime, Hermante répudie
consciemment la raison (cf. vv. 471-78).

v. 103   L'hémistiche "Je connais un vieillard" se retrouve dans *La Bague de l'oubli* (I, 1, 71) et dans *Hercule mourant* (II, 2, 419). Le sorcier est toujours désigné comme un vieillard imposant. Tout ce passage s'inspire de Sénèque, *Hercules OEtaeus* 452-63, mais l'expression "faire périr l'univers" est originale et annonce un des leitmotive de la pièce.

vv. 133-42   Le dialogue ironique sous forme de stichomythie entre l'amant frustré et sa "cruelle" fait partie de la tradition pastorale, dont l'exemple le plus célèbre en France se trouve dans la *Sylvie* de Mairet (I,3). Rotrou ajoute une deuxième dimension à l'ironie, car les personnages n'indiquent pas directement leurs sentiments véritables.

vv. 174, 190   Le nom moderne d'Albanie, que Rotrou n'utilise que deux fois (à la rime d'ailleurs), n'est pas attestée avant le onzième siècle. Certains historiens rattachent l'origine du nom aux Normands qui envahirent cette région en 1081. Voir Stefanaq Pollo et Arban Puto, *Histoire de l'Albanie des origines à nos jours* (Roanne, 1974), pp. 36-40; Constantine Chekrez, *Albania Fast and Present*, New York, 1919, p.21.

vv. 176-77   Encore un exemple d'hyperbole indiquant la démesure.

vv. 197-99   Souvenir de la tradition pastorale (cf. Guarini, *Il Pastor fido* I, 2), mais Rotrou ironise, mettant dans la bouche de Clarimond une observation cynique et pragmatique tout de suite après.

vv. 209-18   Rotrou, qui aime surprendre le spectateur, ne nous dira qu'à l'acte suivant que Clarimond vit dans une illusion volontaire.

v. 222   Pointe dans le style de l'époque, mais bien intégrée au thème de la pièce, car Félismond sera le jouet des autres personnages et des puissances occultes.

v. 223   Imitation ironique du message célèbre de Jules César: "Je suis venu, j'ai vu, j'ai vaincu".

ACTE II

vv. 243-60   Malgré les noms mythologiques, l'inspiration dans cette scène est essentiellement chrétienne. La cérémonie est qualifiée de "mystère" (v. 249), et le mariage est décrit comme un lien sacré et indissoluble. N'osant pas mettre une prière trop manifestement chrétienne dans une pièce non-religieuse, Rotrou atténue chez les dieux antiques tous les aspects qui s'écartent le plus des principes monothéistes. Cupidon est donc métamorphosé en symbole de l'harmonie conjugale, dont le feu pourra dorénavant être saint et pur, et il semble s'identifier avec Hymen. Celui-ci est mentionné ailleurs dans la pièce comme un dieu séparé (vv. 427, 1473). Quant au saint Démon (expression qui permet d'éviter le nom Jupiter), c'est le maître des cieux et la source de l'abondance.

vv. 261-76	Pour décrire ce passage, nous adopterions la définition de Marie-France Hilgar, pour qui le terme Stances peut s'appliquer à un hymne dont les strophes sont distribuées entre plusieurs personnages (*La Mode des stances dans le théâtre tragique français 1610-1687*, Paris, 1974), plutôt que le terme Dialogue lyrique, préféré par Jacques Scherer (*La Dramaturgie classique en France*, Paris, 1950, p. 358), car les personnages ne se parlent pas. Il s'agit d'un épithalame non chanté, mais qui aurait pu avoir un accompagnement musical, ce qui renforce le caractère lyrique de cette scène.
vv. 273-74	Parthénie, qui place la roue de Fortune sous l'égide des dieux, fait preuve d'une résignation et d'une piété qui contrastent avec l'*hubris* de Clariane (vv. 1019-22).
vv. 283-84	Ironie dramatique. Pour se punir d'avoir trahi ce serment, Félismond réclamera littéralement la mort (V, 7).
v. 300	Le sens métaphorique de Mars, pour désigner un grand guerrier humain, nous rappelle que les dieux mythologiques n'ont pas de véritable statut religieux dans la pièce. Cf. l'emploi de Neptune comme synonyme de la mer (vv. 629, 1382) et celui de Diane pour désigner une femme parfaitement chaste (v. 770).
v. 306	Perversion de l'image solaire. Pour la première fois Hermante est comparée au soleil (cf. v. 1184). Félismon la comparera également à un astre (vv. 463, 491).
vv. 307-08	Cette allusion obscure désigne les amours de la Lune et d'Endymion. Artémis étant déesse de la chasteté, le mythe concernait à l'origine une autre divinité lunaire, Séléné (Luna en latin), avant d'identifier cette dernière avec elle. Quant à Endymion, les textes classiques ne le désignent que rarement comme chasseur. Selon Pausanias c'était un roi d'Elide (*Description de la Grèce* V, 1, 3-5); Théocrite en fait un berger (XX, 37); Lucien en fait un chasseur (*Dialogues des dieux* XIX). La même allusion se retrouve dans d'autres

tragi-comédies de Rotrou, toujours avec le mot Chasseur (cf. *Agesilan de Colchos* I, 2; *Céliane* II, 3; *La Pèlerine amoureuse* I,3).

vv. 326-32 Anti-prière blasphématoire, avec jeu de mots sur Vertu (v. 331).

vv. 353-60 Thersandre fait le mauvais conseiller, anticipant sur le sermon immoral de Clariane (IV, 5) et prodiguant des maximes cyniques sur le sexe féminin et sur l'amour.

v. 362 Allusion à la révolte des géants, qui entassèrent ces deux montagnes de Thessalie pour atteindre les cieux.

v. 371 Typhée, un des géants qui participa à la révolte contre Jupiter, fut enterré sous l'île d'Inarime. Cette réplique de Clarimond fait écho à celle d'Hermante au début de la pièce (vv. 21-30).

v. 412 Un des paradoxes dont la pièce abonde (cf. vv. 509-14, 1059-62, et la note au vers 1067).

vv. 442-44 Passage révélateur où le personnage ensorcelé semble entrevoir la vérité de sa situation.

vv. 457-60 Cet éloge de l'inconstance reflète une des constantes de la psychologie baroque (voir Orlando, *Rotrou*, chapitre 4).

vv. 471-78 Le personnage accepte consciemment le crime et la déraison. Lancaster (*A History* t. 2, p. 74) voit dans le vers 477 un écho de *Pyrame et Thisbé* (probablement II, 1, 251 et 298).

v. 505 Ce solécisme étonnant semble indiquer que Rotrou composa sa pièce à la hâte. Nous gardons, sans correction, le texte original.

v. 528 Evandre insiste sur la rapidité incroyable de la métamorphose.

ACTE III

vv. 537-40 Passage remarquable où Rotrou se moque des hyperboles conventionnelles des amants littéraires, dont lui-même use souvent. Voir Wolfgang Leiner, "Deux aspects de l'amour dans le théâtre de Jean Rotrou" in *Revue d'histoire du théâtre* 11, 1959, p. 195.

vv. 563-64	Maxime stoïcienne exploitée dans une situation immorale. L'abbé d'Aubignac approuvera cette technique, "car on prend plaisir de voir ce trompeur employer adroitement les Maximes de la probité, & les propos d'un homme de bien à des desseins tout contraires", *La Pratique du théâtre*, Paris, 1657, p. 424.
vv. 569-74	Rotrou laisse prévoir le dénouement de la pièce.
vv. 589-92	Félismond justifie ses amours avec Hermante en vantant deux couples adultères de la mythologie. Aurore trompa son mari Tithon pour séduire Céphale, déjà marié à Procris. Dans certaines versions, d'ailleurs, notamment dans celle d'Ovide (*Métamorphoses* VII, 694-722), la déesse ne réussit pas à le détourner de son épouse. Quant au chasseur Adonis, aimé de Vénus et tué ensuite par un sanglier, il naquit effectivement d'une union incestueuse entre Myrrhe et son père Cinyras (cf. *Métamorphoses* X, 298-559). Rotrou rappelle cette histoire d'inceste dans *Les Deux pucelles* (I, 3) pour condamner une autre liaison illicite.
vv. 602-04	La théorie du droit divin des rois est employée ici pour justifier le meurtre d'une innocente.
vv. 643-45	Les signes physiques complètent la métamorphose du coeur et de l'âme.
vv. 649-54	Imitation probable de Sénèque, *Octavia* 189-92.
v. 657	Pour la première fois le terme Sorcière est appliqué à Hermante (cf. vv 1243, 1254, 1265, 1332).
v. 734	Echo curieux de la réplique sarcastique d'Hermante (v. 541).
v. 739	Comme la métamorphose magique, l'inspiration céleste agit comme un coup de foudre: Evandre conçoit brusquement le projet pour sauver Parthénie.
vv. 765-68	Phaéton, fils d'Apollon, obtint la permission de guider le char du soleil. Incapable de mener à bien cette entreprise surhumaine, il embrasa la terre, et Jupiter, pour empêcher une conflagration universelle, dut le foudroyer.

ACTE IV

vv. 817-46	Hilgar (*La Mode des stances* p. 199) met ce passage sous la rubrique "Explications". La mythologie se mêle ici à la démonologie: Cupidon asservit Pluton (= Satan) en

causant son amour pour Proserpine (v. 824), mais Pluton (frère de Jupiter, donc oncle de Cupidon) se venge en soumettant l'amour au contrôle de la magie noire (v. 829). Le machiavélisme d'Hermante (vv. 839-46) doit être réfuté à la fin de la pièce, ainsi que son culte des enfers. Gustave Reynaud trouve ces vers dignes de Corneille (*Histoire de la langue et de la littérature française*, éd. Petit de Julleville, Paris, 1897, t. 4, p. 383).

vv. 867-72   Voir la note aux vers 589-92. Hermante emploie une figure typiquement baroque que F. Orlando appelle "superamento" (dépassement): le personnage humain croit dépasser la gloire ou la puissance d'un personnage exemplaire de l'histoire ou de la mythologie.

vv. 886-88   Cette croyance à la justice divine, dont le caractère inévitable n'empêche pas des retards considérables, annonce le dénouement (cf. vv. 1056, 1315-20).

vv. 895-96   Une des plus belles métaphores de la pièce, prouvant le talent de Rotrou pour rénover les conventions poétiques. "La nuit sert de prétexte à de brillantes variations autour de la rime *étoiles-voiles*" (Lebègue, *Etudes*, t. 1, p. 393). Encore une fois, l'image poétique n'est pas un ornement superflu, mais s'intègre dans la thématique de la pièce. Le soleil représente pour Evandre la pureté et la révélation de la vérité.

v. 905   Ce n'est pas un anachronisme (et cette remarque vaut également pour les pistolets mentionnés aux vv. 1053, 1086), car la pièce se déroule, non pas dans l'antiquité, mais à une époque indéterminée, au moyen-âge.

v. 918   Première prémonition, qui confère à l'action l'ambiance de la tragédie.

v. 920   Viollet-le-Duc indique une lacune de deux vers ici, comme après les vers 1058 et 1142, puisque l'alternance des rimes est rompue. Pourtant rien ne manque dans la syntaxe, ni dans la suite des idées. Cette négligence stylistique est probablement un autre indice de la composition hâtive de la pièce.

vv. 933-36   Ces maximes impeccables acquièrent un air sinistre dans la bouche de Clariane. (Voir la note au vers 563). La témérité du personnage atteint son comble aux vers 1005-06.

vv. 973-80   Cette justification des amours illicites n'est pas sans rappeler Macette, la dévote hypocrite dans les *Satires* de Régnier, et annonce le Tartuffe de Molière.

vv. 1009-22   L'*hubris* précède la chute; cf. le monologue analogue d'Hermante (vv. 1217-24).

v. 1067   Le vocabulaire paradoxal rappelle le titre de la pièce. D'ailleurs les titres contenant des paradoxes ou des oxymores étaient très en vogue dans les années 1630 et 1640. Voir Georges Forestier, "Dramaturgie de l'oxymore dans la comédie du premier dix-septième siècle" in *Cahiers de littérature du XVIIe siècle* 5 (1983), 5-32.

vv. 1073-78   Deuxième prémonition, qui dure plus longtemps et impressionne davantage que la première. Clarimond est sur le point de se désister, mais cédera aux arguments de Clariane.

vv. 1079-80   Encore un rappel d'un couple adultère de la mythologie. Clariane néglige d'ajouter les conséquences du rapt d'Hélène par Pâris: la guerre de Troie.

vv. 1087-90   Rotrou, insistant sur la leçon morale, justifie la mort d'un personnage secondaire. Il en a déjà fourni une justification pratique (vv. 1063-64).

ACTE V

vv. 1173-74   Un des plus beaux passages de la pièce, souvent loué par les critiques. Voir, parmi d'autres, Lanson, *Esquisse d'une histoire de la tragédie française*, Paris, 1920, p. 51.

vv. 1179-82   Il s'agit des amours d'Alcmène et de Jupiter, qui prit la forme de son mari, Amphitryon. Pour permettre la naissance du grand héros Hercule, le dieu fit prolonger la nuit pendant une durée de trois jours. Rotrou porta ce mythe à la scène dans ses *Sosies* (joués en 1637).

vv. 1191-92   Hermante reprend la comparaison mythologique sous forme de *superamento* (voir la note au vers 867).

v. 1197   Bel exemple du style baroque, tel qu'il est défini par Jean Rousset (cf. v. 1404).

vv. 1217-24   Hermante renouvelle ses blasphèmes de II,2. En refusant toute autorité et tout pouvoir aux dieux, elle suscite l'intervention immédiate de leur représentant sur terre.

v. 1231   Le mot Lame dans l'édition originale est certainement une erreur. A moins de le voir comme une mauvaise orthographe pour Lamies (type de monstre fabuleux), il

84

vaut mieux adopter la correction de Viollet-le-Duc: Larves (type de spectre).

v. 1242   Une des trois Furies (cf. v.6).

v. 1258   Ixion et Tantale, ayant commis des crimes horribles à l'égard des dieux, reçurent aux enfers des punitions exemplaires. Le passage s'inspire de Sénèque, *Hercules OEtaeus* 938-49 ou *Hippolytus* 1229-37.

v. 1265   Hermante réclame désormais le titre de sorcière.

vv. 1281-84   Il s'agit du festin où Atrée (petit-fils de Tantale) égorgea deux fils de son frère Thyeste et les lui servit comme mets. Le soleil, écoeuré, rebroussa chemin.

v. 1288   Pointe et allusion au mythe selon lequel le soleil couchant descend dans la mer (cf. vv. 1365-68).

vv. 1313-14   La peine psychologique est considérée comme plus dure que le supplice physique (cf. vv. 1346-48).

v. 1317   Le texte original ("à pas levés") est manifestement corrompu et constitue un vers faux. La correction de Viollet-le-Duc ("à grands pas") contredit totalement le sens du passage. Nous proposons "à pas lents" qui ne diffère de l'original que par deux lettres et qui s'accorde parfaitement avec le message de ce monologue. L'expression se trouve d'ailleurs dans plusieurs autres pièces de Rotrou; par exemple, "Lune, marche à pas lents, laisse dormir ton frère" (*Les Sosies* I, 1, 95).

vv. 1325-52   L'hystérie et la démesure d'Hermante trouvent leur point culminant dans ce soliloque. Refusant le repentir, Hermante ne peut s'attendre qu'au supplice ou à la folie.

vv. 1353-68   Un autre exemple réussi de stances récitées par plus d'un personnage. Bien que la comparaison soit traditionnelle entre la vie humaine et la fleur qui ne dure qu'un jour, elle s'applique de façon littérale à Parthénie, qui devient reine le matin et "périt" à la fin de la même journée.

vv. 1369-90   Le grand prêtre adopte la perspective terrestre: il ne dit mot de la vie éternelle, ni de la volonté des dieux. Ceux-ci se manifestent dans le monde, et ils assurent la réalisation du bonheur des êtres vertueux pendant leur vie.

vv. 1413-14   Passage obscur. Nous l'interprétons ainsi: notre amour pour la reine (baisers) devait produire des héritiers qui gouverneraient l'Epire un jour. La correction de

Viollet-de-Duc ("que devaient à l'Epire") ne s'impose pas, à notre avis.

v. 1441   Formule stoïcienne dans un contexte ironique, car le public sait que Parthénie et Evandre sont sur le point de paraître.

scène 8   La rapidité de cette dernière scène, d'autant plus étonnante que Rotrou s'est déjà laissé aller à plusieurs longs développements lyriques, est peut-être un nouvel indice de la hâte de l'auteur en composant la pièce. De toute façon les métamorphoses soudaines et miraculeuses constituent un élément fondamental dans cette tragi-comédie.

vv. 1473-75   Selon Orlando (*Rotrou*, p. 196), c'est un exemple typique de l'exaltation baroque: le personnage transforme le moment présent en une image éblouissante et gigantesque qui lui confère l'immortalité.

GLOSSAIRE

Abréviations:

C - Randle Cotgrave, *A Dictionarie of the French and English Tongues*, 1611; réimpression. Columbia, University of South Columbia Press, 1968.

F - Antoine Furetière, *Dictionnaire universel*, 3 vols, La Haye et Rotterdam, 1690.

Abîmer	- Tomber dans un abîme, se perdre, se noyer (F) 1338
Accents	- La voix (en poésie) (F) 1339
Accident	- Malheur, mésaventure, calamité (C) 194, 260, 523, 1366, 1385, 1426
Alentir, s'	- S'affaiblir (C) 514
Allégeance	- Soulagement, adoucissement (C) 82, 364, 1433
Avantage, à l'	- Extrêmement bien (C) 915
Consulter	- Etre irrésolu ou incertain (F) 99, 634
Courage	- Esprit, volonté, humeur (C) 85, 172, 900, 1049, 1405
Dedans	- Dans (F) 1285
Démon	- Esprit ou génie qui apparaît aux hommes, tantôt pour leur servir, tantôt pour leur nuire (F) 245
Desservir	- Rendre un mauvais service (C) 664
Dessous	- Sous (F) 300, 824
Dessus	- Sur (F) 30, 263, 321, 326, 788, 848, 853, 1259, 1362, 1415
Détourné, lieu	- Lieu peu fréquenté, qui va à la traverse (F) 742, 897
Devant	- Avant (F) 1368
Dévotieux	- Plein de dévotion (C) 403
Dispenser	- Autoriser (C) 1096, 1234

Divertir	– Détourner, prévenir (C) 100, 738, 1057
Donner	– Commencer le combat (F) 1086, 1087
Eclairer	– Surveiller, épier (C) 909
Effet	– Résultat, issue, exécution (C) 161, 165, 228, 323, 359, 528, 611, 655, 693, 712, 714, 754, 763, 867, 994, 1012, 1087, 1107, 1123, 1149, 1187, 1348
Effort	– Entreprise, soin, recherche; tout ce qu'on fait avec violence (C,F) 4, 84, 101, 122, 195, 348, 364, 560, 563, 788, 1085, 1260, 1295, 1340, 1439
Enchanter	– Ensorceler (C) 171, 301, 695, 1159
Ennui	– Trouble, inquiétude, douleur (C) 21, 33, 445, 727, 901, 1428, 1456
Ennuyeux	– Désagréable, répugnant (C) 618
Estime	– Calcul, avis (C) 1150
Etonner	– Intimider, rendre consterné (C) 844, 1077
Evénement	– Issue, résultat (C) 587, 1078
Faillir	– Se tromper, s'égarer, mal faire (C) 20, 556, 564
Généreux	– Noble, vaillant, courageux (C) 936, 1323
Grâce	– Pardon, remise (F) 1462; faveur qu'un supérieur fait à un inférieur sans qu'il l'ait méritée (F) 585
Heur	– Bonheur, bonne fortune (C) 68
Indulgent	– Trop doux, trop clément (C) 873
Infracteur	– Transgresseur (C) 399
Issue	– Résultat, succès (C) 1030
Monument	– Tombeau (C) 720
Objet	– Belle personne qui donne de l'amour (F) 132, 192, 292, 461, 808, 1451

Proche	— Prochain, voisin (C) 628, 718, 816, 1313
Ressentir	— Etre touché vivement de quelque chose (F) 366
Simplicité	— Innocence naturelle, naïveté, crédulité (F) 160
Succéder	— Réussir (F) 161, 166, 714, 1009, 1056, 1457
Succès	— Réussite, résultat (C) 50, 1066, 1150, 1154
Tragique	— Sanglant, fatal (C) 4, 1273
Transport	— Agitation de l'âme par la violence des passions (F) 46, 559, 584
Vain	— Vide (C) 1292, 1353 ind. scén., 1389
Vertu	— Pouvoir, efficacité (C) 117, 171, 331

TABLE DES MATIERES

L'INNOCENTE INFIDELITE

jc